Französische Atlantikküste

Von La Rochelle bis Biarritz – endlose Strände und die ganze Vielfalt des Südwestens

Liebe Leserin, lieber Leser,

wenn sich Paris im Sommer leert und die Franzosen an die Côte Atlantique aufbrechen, dann fahren sie nicht in die Bretagne oder Normandie. Die echte, die klassische Atlantikküste liegt in Frankreichs Südwesten. Zwischen La Rochelle und der spanischen Grenze spannt sie sich in leichtem Bogen, gesäumt von über 250 Kilometer feinen weißen Stränden.

Ein „Paradies auf Erden" nannte Heinrich IV. um 1600 das Land am Atlantik. Seine Begründung: gute Weine und gute Küche. Daran hat sich bis heute nichts geändert. Die Winzer im Bordelais produzieren die edelsten Weine der Welt, und nirgendwo sind die Austern frischer als im Bassin d'Arcachon.

Die Autoren und Fotografen, die für dieses Heft die Küste bereisten, entdeckten Kulturlandschaften, die eher von Gegensätzen als von Gemeinsamkeiten geprägt sind. Das Département Gironde, das samt seiner Hauptstadt Bordeaux seit Jahrhunderten vom Wein profitiert, hat wenig gemein mit der Charente-Maritime und ihren Inseln Ré, Aix und Oléron; das selbstbewusste Baskenland grenzt sich ab von der gemächlichen Lebensart in den Landes. Die Eigenarten, Spezialitäten und die schönsten Reiseziele der einzelnen Küstenabschnitte haben wir in dieser Ausgabe für Sie zusammengestellt.

Obwohl nicht direkt am Atlantik gelegen, stellen wir Ihnen in diesem Heft auch die Dordogne vor – nur eine Autostunde von der Küste entfernt. Vor 600 Jahren tobte auch hier der Hundertjährige Krieg zwischen England und Frankreich. Damals siegte Frankreich, heute ziehen die Briten wieder ein – allerdings mit friedlichen Absichten. Sie renovieren verlassene Bauernhäuser und schaffen sich ihr home, sweet home fern der Britischen Inseln in einer Landschaft, die zu den schönsten und ursprünglichsten Frankreichs gehört. Aber entdecken Sie selbst!

Herzlich, Ihr

Andreas Hallaschka
MERIAN-Chefredakteur

ÜBER DEN DÄCHERN von Bordeaux genossen Fotograf Christoph Otto (l.) und Autor Johannes Wetzel die Aussicht auf eine Stadt in Bewegung. Ihr Fazit: Die alte Weinstadt erfindet sich neu. Seite 34

STARKE MÄNNER an ihrer Seite hatte Autorin Anja Haegele beim traditionellen Kraftwettbewerb im Baskenland. Als einzige Frau durfte die Hamburgerin mit aufs Gruppenfoto des Siegerteams. Seite 80

ZU LAND UND ZU WASSER bereiste Reporter Johannes Schweikle das idyllische Labyrinth des Marais Poitevin. Sein einziges Problem auf dem Rad wie im Boot: die Orientierung behalten. Seite 70

>>> **Mehr MERIAN im Internet: www.merian.de**

INHALT

Französische Atlantikküste

SEITE 44

WEIN UND WOHLSTAND

Schlösser wie das *Château Rocheyron* in St-Émilion leben von ihren Reben. Und das nicht schlecht. Mehr als die Hälfte der französischen Qualitätsweine kommt aus dem Bordelais

MERIAN | Info >>SEITE 110

>> Titelthemen

SEITE 52

EIN TRAUM VON EINER INSEL

Ferien de luxe: Binnen 20 Jahren wurde die einsame *Insel Ré* zum mondänen Urlaubsziel der Pariser Gesellschaft

SEITE 80

BASKENLAND

Scharfe Schoten und starke Typen: Im *Pays basque* wird die Ehre der Dörfer noch mit Feuer verteidigt

SEITE 70

STILLE WASSER

Mehr als 25 000 Kilometer lang ist das Netz der Kanäle im *Marais Poitevin*. Ein ideales Revier für Bootstouren in aller Ruhe

SEITE 34

BORDEAUX IN BEWEGUNG

Prächtige Fassaden und eine große Vergangenheit – das war lange Zeit der Stolz von Bordeaux. Jetzt gibt sich die alte Stadt ein junges Gesicht

www.mercedes-benz.de/vaneo 042.VA01 S&FB

1966

1985

MERIAN bereiste 1966 erstmals Bordeaux. 1985 folgte eine Ausgabe über die Region Aquitanien und ihre Hauptstadt

Passagiere in Sablanceaux auf der Insel Ré setzen mit dem Ruderboot zur Fähre Richtung Festland über

ÎLE DE RÉ **Zeit**sprung

Seit 1988 verbindet eine drei Kilometer lange Brücke die Insel Ré mit dem Festland. Bis dahin versahen Dampfer den Fährverkehr. Vor knapp 100 Jahren mussten die Passagiere bei Ebbe noch vom Strand aus mit dem Ruderboot zum Schiff Richtung La Rochelle übersetzen. Mit dem Pont de Ré ist die Anfahrt heute deutlich einfacher, aber nicht kostenlos. Die Brückenbenutzung kostet je nach Jahreszeit zwischen 9 und 17 Euro Maut – so lange, bis die Kosten für 50 000 Kubikmeter Beton, 600 Tonnen Stahl und zwanzig Monatslöhne für 550 Bauarbeiter aus den Einnahmen getilgt sind.

DIE HÖHLEN VON LASCAUX

Der Anfang **aller Kunst**

Am 12. September 1940 machten vier Jugendliche eine der wichtigsten archäologischen Entdeckungen des 20. Jahrhunderts. Oberhalb des Dorfes Montignac stießen sie auf den Eingang einer Höhle und sahen im Schein ihrer Taschenlampen eine Fülle von sensationellen prähistorischen Malereien. Durch den Zweiten Weltkrieg verzögerte sich die Öffnung der Höhle, erst 1948 wurde sie für Besucher geöffnet. Zuvor waren die kunstvollen Malereien rund 17 000 Jahre hermetisch von der Außenwelt abgeschlossen. Bald merkte man, dass der Besucherstrom die Gemälde zu zerstören drohte und schloss 1963 den Zugang. Um Besuchern die „Sixtinische Kapelle der Vorgeschichte" dennoch zu zeigen, wurde in einem nahen Steinbruch der Hauptteil der Höhle nachgebaut. Bei der Eröffnung 1983 überraschte Lascaux II selbst Experten, die die Kopie nur mit Mühe vom Original unterscheiden konnten.
Besichtigungen für Gruppen organisiert Semitour Périgord, Tel. 05 53 05 65 50, www.semitour.com

15 000 v. Chr. entstanden die Malereien von Lascaux, das „Chinesische Pferd" ist eines der bekanntesten Motive

DELIKATESSE

Reich durch **Kaviar**

Es muss nicht immer Russland sein – Störeier aus Aquitanien sind bei den Gourmets wieder heiß begehrt. Nachdem die heimische Art durch Überfischung in den sechziger Jahren fast ausstarb, lebt das Geschäft nun durch die Idee eines englischen Meeresbiologen wieder auf: Seine Firma züchtet an der Gironde jährlich hunderttausende von sibirischen Süßwasserstören. Viele hielten ihn für verrückt – zu Unrecht. Im Jahre 2002 verkaufte er bereits Kaviar im Wert von drei Millionen US-Dollar.

BASKENMÜTZE

Berühmt unter **falschem Namen**

Sie sieht aus wie ein „Eisbeutel aus Tuch mit einem kleinen Zipfelchen oben drauf", fand Kurt Tucholsky. 1932 wurden in Frankreich mehr Baskenmützen verkauft als es im Land Männer gab – 23 Millionen Stück, von einer Mütze, die ihren Namen eigentlich zu Unrecht trägt. Denn nicht im Baskenland, sondern im benachbarten Béarn wurde sie von Pyrenäenschäfern erfunden. Was erst hinterwäldlerisch anmutete, wurde schnell zum Markenzeichen von Stars, Künstlern und Intellektuellen. Wichtig ist der richtige Sitz. Je nachdem wie sie getragen wird, lässt die Mütze ihren Träger geheimnisvoll, verschlossen oder fröhlich wirken. In Frankreich fertigen nur noch zwei Fabriken das *béret basque,* 80 Prozent aller Mützen kommen aus Asien und Tschechien.

Der Sitz zählt: Modisch bei Marlene Dietrich…

…leger bei Jazzlegende Dizzy Gillespie…

…klassisch bei Heinrich Böll

ZAHLENSPIEL

700 000 000
Flaschen Wein werden jährlich im Bordelais produziert

1 000 000
Eier kann eine Auster erzeugen

950 000
Hektar groß ist Europas größter Pinienwald im Hinterland der Côte d'Argent

100 000
Engländer leben in der Dordogne – mehr als ein Viertel der Bevölkerung

2000
Stunden pro Jahr scheint die Sonne am Strand von Biarritz

700
Kalorien enthält ein Liter Bordeaux. So viele sind auch in einem Liter Milch

34
Einwohner pro Quadratkilometer leben im dünn besiedelten Département Landes. Der Landesdurchschnitt liegt bei 106

20
Grad warm ist der Atlantik in der Hauptsaison im Juli und August

4
Jahre Zeit zum Reifen braucht eine Auster, bis sie verzehrt werden kann

Josephine Baker mit Ehemann und sieben ihrer zwölf Adoptivkinder. Im Schloss Les Milandes gründete sie ihr „Dorf der Welt“

SCHLOSS LES MILANDES Der Traum der **Tänzerin**

Ihr erotischer Tanz in einem Baströckchen machte Josephine Baker 1925 weltweit bekannt. An der Dordogne verwirklichte sie 1946 ihren Traum von einer glücklichen multikulturellen Gemeinschaft: Sie adoptierte zwölf Kinder verschiedener Hautfarben, die mit ihr 20 Jahre lang im Schloss Les Milandes wohnten – bis die Utopie vom „Dorf der Welt“ ihr ganzes Geld verbraucht hatte. Das Anwesen musste verkauft werden, doch die Baker blieb. Als der neue Besitzer sie schließlich hinauswarf, kam die obdachlose Künstlerin zunächst bei Grace Kelly, der Fürstin von Monaco, unter. Eine Ausstellung im Schloss erinnert an die berühmte Bewohnerin. Schloss Les Milandes, Castelnaud-la-Chapelle, Tel. 05 53 59 31 21, *März bis Okt. 10-18, Juli, Aug. 9.30-19 Uhr*

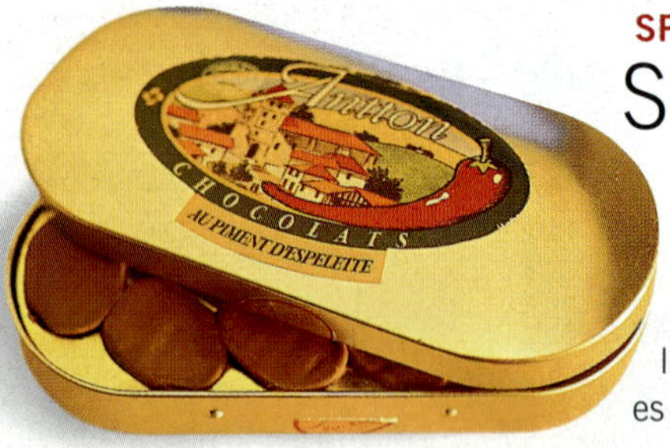

SPEZIALITÄT

Scharfe **Schokolade**

Zuerst süß, dann zartbitter, dann feurig scharf – so schmeckt es, wenn Chili-Schokolade aus Espelette auf der Zunge zergeht. Die roten Schoten hängen in dem baskischen Ort an allen Wänden, das pikante Konfekt dagegen gibt es nur beim Chocolatier Antton, Place du Marché.

FAUXPAS

SIE SOLLTEN BESSER NICHT

>> ... im Hotel frühstücken – wenn nicht gerade ein schöner Garten oder ein opulentes Frühstücksbuffet locken. Im typischen Mittelklassehotel besteht das *petit déjeuner* aus Kaffee und Croissant, serviert im oft tristen Speiseraum. Billiger und besser gibt's das Gleiche im Café um die Ecke.

>> ... im Restaurant getrennt zahlen. In Frankreich wird die Rechnung immer komplett von einem beglichen. Man teilt – wenn überhaupt – erst danach die Kosten untereinander auf.

>> ... den Ozean unterschätzen. Auch bei ruhigem Seegang können gefährliche Strömungen lauern. Beachten Sie Wetterwarnungen und baden Sie lieber an bewachten Stränden.

FORT BOYARD

Abenteuer-**Spielplatz**

Das trutzige Fort Boyard zwischen den Inseln Oléron und Aix hat eine wechselvolle Geschichte. Von Napoléon Bonaparte geplant, war es nach 56-jähriger Bauzeit 1860 fertig und gleichzeitig überflüssig. Die Festung wurde als Gefängnis genutzt und später für ein paar Francs an einen belgischen Zahnarzt verkauft. Seit 1989 gehört sie einer Firma, die sie an Fernsehsender aus aller Welt vermietet: als Kulisse für eine Abenteuer-Reality-Show, in der Kandidaten ihre Scheu gegen Kakerlaken und Spinnen überwinden.

“GIBT ES EINEN SCHÖNEREN PLATZ AUF ERDEN?”
307 CC
www.peugeot307CC.de Infoline: 0 18 01 / 307 307 (aus dem Festnetz 0,06 €/Min)
Mit dem neuen PEUGEOT 307 CC sind die schönsten Plätze der Welt immer da, wo Sie sind. Dank des elektrisch betriebenen Stahldachs liegt die Entscheidung ganz bei Ihnen, ob Sie diesen vollwertigen Viersitzer als rassiges Coupé oder als elegantes Cabriolet erleben. Und das Beste daran ist, dass Sie all seine Schönheit ganz beruhigt genießen können – denn mit vier Sternen im Euro-NCAP-Crashtest ist der PEUGEOT 307 CC der Sicherste seiner Klasse. Mal ehrlich: Gibt es etwas Schöneres?

JA.
JA.
JA.
JA.
307 CC
DER NEUE PEUGEOT 307 CC. MACHT DIE WELT SCHÖNER.
PEUGEOT

Wo der Ozean wahre

Majestätisch säumt der Atlantik die Küste zwischen La Rochelle und Biarritz. Nirgends im Land sind die Strände weiter, die Winde frischer und die Weine besser als hier. Aquitanien, das Land des Wassers, dreht dem Rest von Frankreich den Rücken zu. Wer will schon ans Mittelmeer?

Fotos: Marc-Oliver Schulz

Roher Fels und schöner Schein: Nicht immer ist der Atlantik so still am Rocher des Enfants vor Biarritz. Den repräsentativen Bau des festlich beleuchteten Hôtel du Palais widmete Napoleon III. 1855 seiner Frau Eugénie

Größe zeigt

Jedes Jahr im August zieht es die Franzosen ans Meer. Eine Tradition seit 1900, als in Saint-Palais die Villen der ersten Sommerfrischler entstanden. Platz genug ist selbst im Hochsommer: 250 Kilometer Sandstrand säumen die Atlantikküste

Der Mensch wirkt unbedeutend klein auf Europas höchster Wanderdüne. Als Trennwall zwischen dem Ozean und riesigen Kiefernwäldern schiebt sich die 114 Meter hohe Dune du Pilat stetig weiter landeinwärts

Foto: Christoph Otto

Im Wein liegt wahrer Reichtum: Im Bordelais werden pro Jahr 700 Millionen Flaschen Wein gekeltert. Der Profit fließt auch in den Unterhalt malerischer Schlösser wie dem Château Loudenne bei Saint-Yzans-de-Médoc

Glück im Spiel: Fast wäre das Casino an der Grande Plage von Biarritz abgerissen worden, um Parkplätze zu schaffen. Heute nehmen Strandbesucher hier einen Aperitif im Art-déco-Ambiente

Fischer mit Technik: An den *carrelets*, den Pfahlbauten der Krabbenfänger bei Royan, hängen quadratische Netze, die bei Flut ins warme Brackwasser der Gironde hinabgelassen werden

Alte Stadt, neue Ansichten: Auf der Hauptstraße von Saint-Jean-de-Luz treffen sich Männer zwischen Einkaufen und Küchenarbeit

Eine Kirche gehört zu jedem baskischen Dorf, auch wenn es wie das Örtchen Mendionde keine 100 Seelen zählt. Einsame Höfe durchziehen die sanfte Hügellandschaft, aus der sich tief im Süden die Ausläufer der Pyrenäen erheben

Eine Küste von Eleganz und Eigensinn

Römer, Normannen und Briten eroberten den Atlantiksaum lange vor den Franzosen. Trotz wechselnder Herren bewahrte sich das Land Stolz und Charakter und entwickelte seine bis heute typische Stärke: zugleich weltoffen und stur zu sein

Text: Andreas Weber

Gäbe es so etwas wie ein Stein gewordenes Zivilisationsprogramm, stünde dieser Ort ganz oben: wo im Frühlicht der Nebel von der Kirche in den Fluss gleitet wie ein verschossenes Laken, wo sich zögernd die Bögen der Apsis enthüllen, als gebe die See einen auf ihren Ebbeflächen gehüteten Schatz widerwillig zurück – bis dann das atlantische Licht den Stein entzündet und seine Säulen und Figuren mit Leben überschwemmt.

Sainte-Radegonde in Talmont am Mündungstrichter der Gironde ist ein Monument der heiteren Proportion und darin so etwas wie das südliche Gegenstück zum Mont Saint-Michel: zärtlich beleckt von den Wellen, gebadet in salziger Brise und zugleich ganz Erde, warmer Stein. Im Sonnenflirren des beginnenden Tages verdampft am Spülsaum Seetang zu jodiertem Parfum. Eidechsen huschen über die Treppe zum Strand, ihre steinernen Schwestern umschlingen die Säulenabschlüsse der Kirche, durch deren Gewölbe in honigschwerer Stille ein paar Insekten kreisen.

An der Küste des Atlantiks, im süßen Wind, der vom Brackwassertrichter der Gironde hereinweht, badet sich die Seele von Frankreichs Südwesten. Wie die Kirche auf den Klippen zwischen Erde und See balanciert, so hält ein ganzer Landesteil elegant das Gleichgewicht zwischen Heiterkeit und Strenge, zwischen lebensfroher Sinnlichkeit und erhabener Geste, und zieht gerade aus der Begegnung der Gegensätze seine größte Kraft.

See und Erde, la mer et la terre, prägen die Seele des Landes seit mehr als 1000 Jahren

Das alte Aquitanien, der atlantische Bogen Frankreichs unterhalb der Loire-Mündung, ist Süden und Norden zugleich. Hier, wo seit den Römern Weine wachsen, zu deren Beschreibung eine eigene Philosophie entstand, liegt der sinnliche Archipel der französischen Zivilisation. Seine Kapitale Bordeaux ist die lebemännische Gegen-Hauptstadt zu Paris. Das Land im Südwesten leuchtet. Seewind hat den Stein der Kirchen weich geschliffen, die seit bald 1000 Jahren aus den kleinen Weilern der Saintonge blitzen wie die gefrorene Gischt eines künstlerischen Sturmes.

Die See brachte das Neue. Sie schwemmte normannische, maurische, irische Einflüsse heran. Über Jahrhunderte war der Atlantiksaum umkämpftes Terrain, ein Schlachtplatz, der Frankreichs dramatisches Zögern zwischen Land und Meer entscheiden musste, so der Historiker Fernand Braudel – die Frage also, ob die künftige Nation den kontinentalen Charakter von Paris und Burgund erhalten würde oder weiter nach Westen orientiert wäre, in einer gemeinsamen Nation mit den britischen Inseln vereint.

Fast wäre es einer Frau gelungen, eine atlantische Nation zu schmieden: Durch eine Kette dynastischer Zufälle kann die charismatische Herzogin Eleonore 1154 die Gascogne und Aquitanien mit der Normandie und England zum „Angevinischen Großreich" einen. In der Person von Eleonores Sohn, Richard Löwenherz, beflügelt es noch heute ein fantastisches Bild der dunklen Zeiten.

Doch diese sind für Aquitanien zunächst nichts weniger als dunkel. Gestiftet von Herrschern, die sich reich gekämpft haben, überzieht nach dem Jahre 1000 bald ein Silberhauch von Kirchen das Land. Die Troubadoure erfinden eine zarte Dichtung. Kunst schwingt sich vom Dienst an Gott zum Bewusstsein eigener Form empor: Noch am steinernen Körper der Kirchen haftend, feiert sie die Harmonie, die Fülle der Natur.

Nirgendwo in Europa breitet sich die Romanik rauschhafter, überschwänglicher aus. „Die Sinnlichkeit des Dekors überwältigt seinen didaktischen Zweck durch ihre Fülle", staunt der Kunsthistoriker François Eygun: Es sind die Erde und ihre Geschöpfe, die sich am Heiligtum wiederfinden. Sie machen aus der aquitanischen Plastik eine Messe an die Welt, einen südlichen Gegenentwurf zur strengen Askese aus Licht, mit der in Paris die Gotik allmählich begann.

Auf einem Kapitell der Kirche Saint-Eutrope in Saintes winden sich die schönsten Tierfiguren des Mittelalters. Der Stein ist geschmückt mit der Üppigkeit einer Arche Noah, der Heilige sitzt inmitten von Löwen, ist von Vögeln umringt, umschlungen von Tieren. Hier wird nicht ein Erlösungsprogramm exerziert, sondern mit der Grazie der Schöpfung gespielt. Hunde eilen die Türbögen der Kirche von Chadenac hinauf, Füchse und Schwäne, Eulen und Eidechsen, Fische und Schlangen blicken von den Bauten herab. Ozeanischer Gleichmut? Wenn die Pilger auf dem Weg nach Santiago de Compostela ins diesige Licht des Atlantiks traten, öffnete sich ihnen die Welt. „*La mer et la terre*", See und Erde, sagen die

Trutzburg des Protestantismus: Der alte Hafen der Hugenottenstadt La Rochelle wurde im 17. Jahrhundert von Truppen des französischen Königs belagert. Erst als die Hälfte der Bürger verhungert war, gab die Stadt ihren Widerstand auf

Bewohner der Atlantikküste bis heute stolz, bilden ihre Identität. Das Meer zieht die Grenzlinie, gegen die sich die Zivilisation zu behaupten hat, und legt ihr zugleich seinen Reichtum zu Füßen: die Impulse des Neuen aus der Fremde *outre-mer*, die Kostbarkeiten der Kolonien, seinen Geschmack, der sich direkt am Strand, ein Klappmesser in der Hand, aus der kühlen Schale schlürfen lässt.

Die Küste ist das Jagdrevier des Citoyen in Gummistiefeln, der sich mit rostiger Schaufel und Plastikkorb bewaffnet hat. Die Seele der Nation plätschert im diesigen Übergangsbereich der Elemente. Durch eine der kleinen Buchten bei Meschers treibt Nebel wie Rauch landeinwärts. Ein Mann schleppt zwei Eimer mit Austern zu seinem Wagen. Die Gruppe älterer Damen mit aufgekrempelten Hosen zeigt streng auf das Schild: „Meeresfrüchte sammeln verboten" – „Aber nicht, sie zu essen", versetzt der Alte spitzbübisch. Austernsplitter übersäen den Strand. Die Watten dieser Küste sind Äcker, auf denen Muschelzüchter bei Niedrigwasser wie Bauern ihre Ernte einbringen. Am Horizont wimmelt es von Traktoren. Kühllaster mit brummenden Aggregaten fahren zum Beladen direkt ins Meer. Menschen eilen im weißen Zwielicht über die Fläche wie kleine Krebse.

110 000 Tonnen Austern verspeisen die Franzosen jährlich. Mehr als 45 000 Tonnen gedeihen allein im spiegelnden Gewirr der Gezeitenteiche von Marennes und La Tremblade. Dort ist die Kanalstraße zur Mündung der Seudre gesäumt von Holzhütten an baufälligen Anlegern und Booten, die an langen Stecken im Schlick versinken. Überall kann man auf Plastikstühlen schnell ein paar Austern kosten, ihre salzige Süße mit einem Wein mildern und sich in den Armen der See wähnen, der großen Amme.

In diesem südlichen Schimmer gebar das Meer den Tourismus. Längst war nach 100 Jahren Krieg den Engländern die Erde wieder entrissen, hatte Kardinal Richelieu protestantische Festungen wie La Rochelle geschleift, hatten die Zentralmacht und ihr Einheitsstil aus Platanenalleen und schmiedeeisernen Balkonen Einzug gehalten. Die Bewohner der Küstenstädte waren wieder wohlhabend geworden vom Handel mit Wein und Sklaven. Mitte des 19. Jahrhunderts bauten sich reiche Bordelesen einen Schienenstrang nach Südwesten, zum künftigen Seebad Arcachon.

Hier, am Eingang einer riesigen Lagune, liegen die spitzgiebligen und verwunschenen Lustschlösser einer immer noch von allem Britischen faszinierten Neo-Aristokratie, weit verstreut in den Koniferengärten der „Winterstadt", den Blick verloren in der diesigen Lieblichkeit des Watts. Wenn nach dem Sommer die Crêpe-Stände in den Straßen schließen, steigen die Überbleibsel jener großen Zeiten an die Oberfläche wie Getier der Gezeitenzone. Die Scheiben der Palais erblinden wieder vom Salzstaub, das vieltürmige Casino wird zum Märchenschloss.

Am Anleger mit seinen feuchten Untergeschossen machen die Fähren zur anderen Seite des Bassins fest. Das Kajütboot nach Cap Ferret giert in

Foto: Christph Otto

Seenlandschaft am Meer: Sturmfreie Strände zwischen Kiefern und Dünen ziehen sich um den Etang de Biscarosse, den Kanäle mit zwei anderen Süßwasserseen verbinden

Ein Gotteshaus als Bollwerk gegen Naturgewalten: Die romanische Kirche Sainte-Radegonde in Talmont thront auf Klippen steil über dem Atlantik

den Wellen. Die Häuser der Sommerfrische im Pinienwald auf der anderen Seite der Bucht strahlen ihren Duft von Mittelmeer aus, bis hinter einer Düne alles abbricht und in plötzlicher Kargheit der brausende Strand nördlicher Meere daliegt. Männer stehen hinter ihren in den Sand gerammten Angelruten. Reinheit und Stille, noch weit mehr als 100 Kilometer hinab bis zur spanischen Grenze.

Die Côte d'Argent südlich von Arcachon ist eine Küste von monotoner Gewalt. Bei Pilat trennt Europas größte Düne wie eine silberne Kordillere das feste Land vom Meer. Wer vom 114 Meter hohen Kamm nach Süden blickt, sieht den Sandwall vor sich als glitzernden Grat zwischen zwei Ozeanen: im Westen ein Delta aus Prielen und Sandwatten, wo die schwindende Sonne in einem Exzess von Pastell verlischt; im Osten, zur Landseite, die wogende See der Pinien. Bis zum Horizont wirft sich ihr dunkler Brandungsstreifen gegen den Fuß der Sandberge, um von ihnen verschlungen zu werden.

Die Pinien rissen eine ganze Region Frankreichs aus wirtschaftlichem Elend und Dämmer, aber sie veränderten das Land wie kaum anderswo zu einer Forststeppe von stakkatohafter Monotonie. Die Landes, der Küstenstreifen hinab zum glitzernd mondänen Biarritz, waren bis zur Mitte des 19. Jahrhunderts eine verlassene Heide. Sand und Sümpfe gehörten mehr der Natur als den wenigen Bauern. Schäfer auf Stelzen verjagten in der Ginstersteppe die Wölfe von ihren mageren Herden.

Erst Napoleon III. zwang Mitte des 19. Jahrhunderts jedes Dorf, Sümpfe trockenzulegen und Seepinien anzupflanzen. Es entstand eine Taiga des Südens, die bis heute größte Monokultur Europas, 950 000 Hektar groß. Harz und Holz brachten 100 Jahre Wohlstand. Inzwischen scheint es, als wollten sich die Fluten der Bäume wieder schließen, über den schnurgeraden Straßen, die sie Viertelstunden ohne Unterbrechung begleiten. Auf Lichtungen sonnen sich kleine Höfe, die Holzdielen duftend von Bienenwachs, die Räume süß von Harz.

Zu dieser bedächtigen Küste verhält sich Bordeaux wie eine Diva zu ihrer Entourage: arrogant, aber zutiefst auf sie angewiesen. Immer, wenn es brenzlig wurde, war die Metropole Reserve-Hauptstadt Frankreichs – 1870/71 zuerst, dann kurz im Ersten, wieder im Zweiten Weltkrieg. Bis heute bewahrte sie eine Attitüde von heimlicher Favoritin. Dem Blick von der Garonne aus gibt sich das ganze goldene Ebenmaß ihrer Wasserfront hin: Unwirklich schimmernde Fassaden und Mansarden des 18. Jahrhunderts reihen sich hintereinander. Britische, holländische, deutsche Händler ließen sich damals hier nieder, die mit dem Wein reich wurden und eine neue Plutokratie bildeten, den „Korkadel".

Dünen trennen zwei Ozeane: die Weiten des Atlantiks und die wogende See der Pinienwälder

Bordeaux ist die Weingut-Version der französischen Kapitale. Am Cours de l'Intendance säumen veritable Schlösser die Bordsteine, keine Mietshäuser. Das ist die Definition des Bürgertums aus dem 18. Jahrhundert, als Frankreich das bedeutendste Land der Welt war, als vom Bauch der Handelsschiffe aus die Welt hier ihren Nabel hatte und das französische Verständnis von Kultur als Eleganz und Entspanntheit das Ästuar der Gironde hinab auf alle Kontinente flutete.

Und dennoch haftet auf aller Pracht ein haut gout von Provinz: Nirgends begegnet man häufiger diesen neurotischen Frauen aus den Chabrol-Filmen: In Bordeaux haben sie einen unnachahmlichen Bovary-Charme von Lebensgier und provinzieller Verlorenheit, mit dem sie trotzig hinter ihren Kinderkarren herstaksen.

Es ist eine seltsame Gegend, diese heilige Erde des Weines, die sich vor der Stadt in Richtung der See verliert auf der unspektakulären Halbinsel des Médoc. Die großen Chateaus – Latour, Siran, Margaux – glänzen in der wasserabweisenden Perfektion teurer Totalrestaurierungen. Die Städtchen, die weißen Städtchen des wahren Frankreich, wirken hier etwas heruntergekommen, sind immer noch Fischernester, denen ein plötzlicher Segen zugefallen ist.

Im Hafen von Pauillac dümpeln verwitterte Yachten, die einst Muster an Schnittigkeit waren. Die Fenster des Schalters auf der Fährbrücke von Lamarque sind vernagelt. Das letzte Schiff schiebt sich wummernd über das Wasser. In der Ferne lässt ein Fischer seine Netze treiben. Darüber perlmuttfarbene Wolken, die sich in Zeitlupe verfärben. Kein Wunder, dass Deutsche, Holländer und Briten von dieser nordischen Landschaft immer noch so angezogen sind: sie kultiviert ihre diesige Vagheit mit einem Prickeln der Gnade. Ein flirrendes Licht auf goldenen Steinen vermischt Ernst und Süße, die Ingredienzien der wahren Eleganz. □

Dr. Andreas Weber, *Jahrgang 1967, ist Publizist, Meeresbiologe und ein Liebhaber der Küste. Sein Buch „Natur als Bedeutung" erschien 2003 im Verlag Königshausen & Neumann.*

AKTUELL UND SOFORT VERFÜGBAR: GOURMET TRAVEL TIPPS FÜR EUROPAS SCHÖNSTE REISEZIELE.

GOURMET TRAVEL TIPPS – der neue Service von DER FEINSCHMECKER, Deutschlands führendem Gourmet-Journal:
Wichtige Informationen zu Restaurants und Hotels in über 50 Reisezielen, aktuell und exklusiv ausgewählt von der Feinschmecker-Redaktion. Suchen Sie ein Fischrestaurant am Bodensee, ein verstecktes Bistro in Paris oder ein stilvolles Hotel in Lissabon – die Gourmet Travel Tipps von DER FEINSCHMECKER führen Sie hin. Die Informationen können Sie per SMS, Fax und Post abrufen.

- **Per SMS:** Senden Sie eine SMS mit Stichwort TIPPS, dem Reiseziel und Ihrer E-Mail-Adresse an die **82882** (legion 0,99 €/SMS, VFD2 Anteil 0,12 €/SMS). Bitte setzen Sie jeweils einen Leerschritt nach Tipps und nach dem Reiseziel. Und innerhalb weniger Augenblicke bekommen Sie eine E-Mail mit den Tipps der gewünschten Stadt/Region (z.B. »TIPPS Genf mustermann@t-online.de«). Achtung: Sie müssen die SMS aus Deutschland abschicken.

- **Per Fax:** Stellen Sie Ihr Faxgerät auf Abruf oder Polling und wählen Sie die **01377-371015** und die Durchwahl des gewünschten Reiseziels (z.B. für Köln 01377-371015-08), und die Gourmet Travel Tipps kommen umgehend als Antwortfax (legion 0,98 €/Anruf).

- **Per Postversand:** Bestellen Sie die Gourmet Travel Tipps direkt unter 040 / 87 97 35 40 gegen 2,- € Schutzgebühr pro Reiseziel (inkl. Versandkosten).

***Hinweis zum SMS-Abruf:** Bei Reisezielen mit Hotel- und Restauranttipps geben Sie bitte direkt hinter dem Ort ein H für Hotel oder ein R für Restaurant ein, z.B. »TIPPS BerlinH mustermann@t-online.de« für Hoteltipps in Berlin.

DIE FOLGENDEN REISEZIELE STEHEN IHNEN INDIVIDUELL ZUR AUSWAHL:

Reiseziele	Durchwahlen
DEUTSCHLAND (STÄDTE):	
Berlin (Hotels)*	01
Berlin (Restaurants)*	02
Dresden	03
Düsseldorf	04
Frankfurt (Main)	05
Hamburg	06
Hannover	07
Köln	08
Leipzig	09
München	10
Stuttgart	11
DEUTSCHLAND (REGIONEN):	
Bodensee	12
Ostsee (Flensburg bis Usedom)	13
Franken	14
Saarbrücken (Mosel-Saar-Ruwer)	15

DER FEINSCHMECKER
TRAVEL TIPPS
presented by
S.PELLEGRINO

Die altehrwürdige Weinmetropole hat eine große Vergangenheit. Nur an eine große Zukunft hat lange niemand geglaubt. Bis der neue Bürgermeister die Stadt aus ihren Träumen riss

Bordeaux wacht auf

Text: Johannes Wetzel, Fotos: Christoph Otto

Der Markt vor der Kirche St-Michel ist Treffpunkt der Bordelesen seit ewigen Zeiten. Langsam ändert das Quartier sein Gesicht: Die Altstadt wird komplett saniert

Wo die Bordelesen den Bund fürs Leben schließen: Das Palais Rohan, Rathaus der Stadt, ist nur einer von vielen Prunkbauten aus dem 18. Jahrhundert

Die Antike stand Pate beim Bau des Grand Théâtre: Statuen der neun Musen und großzügige Säulengänge zieren das repräsentativste Gebäude von Bordeaux

Elegante Fassaden zeugen von

Pracht und Wohlstand. Der Handel mit Wein und Sklaven machte die Stadt reich und berühmt

Bordeaux, Cours Xavier Arnozan. Auf der Seite der ungeraden Hausnummern natürlich, der besseren. Ein schwarzer Hausdiener mit weißen Handschuhen öffnet. Vorzimmer, Salon. Ein Hauch von 19. Jahrhundert. Vom Kanapee erhebt sich eine reizende alte Dame im blauen Kostüm: Nicole Schÿler, geborene Wallace. Urenkelin des Stifters der Londoner „Wallace Collection“, Witwe von Guy Schÿler, einem großen Namen des Bordeleser „Korkenadels“, der alten Weinhändlerfamilien. Eine 83-Jährige mit großer Klasse, die man nicht nach ihrem Alter fragt. „Ein Glas Champagner vielleicht?“ Hausmarke Pol Roger, den auch Winston Churchill bevorzugte.

Madame Schÿler leistete sich schon immer eine gewisse Exzentrik: Sie erkämpfte in Bordeaux ein Museum für zeitgenössische Kunst und ging nie zum Bridge-Abend. Dennoch darf sie als eine der letzten Vertreterinnen jenes betuchten, anglophilen Bürgertums gelten, das in der Stadt einmal den Ton angab. Am eleganten Cours Xavier Arnozan jedenfalls ist sie die letzte, seit Madame Cruse nebenan fast hundertjährig starb.

Jetzt erlebt Madame Schÿler den Anfang einer neuen Ära in ihrer Stadt: Ein neuer Bürgermeister weckt Bordeaux mit dem Presslufthammer aus dem jahrzehntelangem Dornröschenschlaf. Nicole Schÿler verzieht die fein geschminkten Lippen. Das rundherum modernisierte Bordeaux, fürchtet sie, werde „banaler“ wirken: Saubermänner entfernen die Spuren der Vergangenheit, und dann diese Trambahn, wie es sie jetzt überall in Frankreich gibt! Doch die alte Dame gibt sich versöhnlich gegenüber dem Mann, der ihr kürzlich den Orden der Ehrenlegion überreichte: „Er sieht ganz gut aus, finden Sie nicht?“

In der Rue du Pas-Saint-Georges gibt es über der Hausnummer 86 eine eher unauffällige Tafel: „Hier wurde am 11. Oktober 1885 François Mauriac geboren.“ Mitten im Quartier Saint-Pierre: ein armes Viertel in dieser Stadt wohlhabender Patrizier. Aus dieser Perspektive richtete der Literatur-Nobelpreisträger seinen Blick auf die feine Gesellschaft von Bordeaux, auf „Diese Kreise“, wie der deutsche Titel seiner bittersten Erzählung lautet.

Mauriac steht noch immer für Bordeaux. Der Romancier überliefert das Bild einer Stadt mit prächtigen Fassaden, hinter denen des guten Leumunds wegen schreckliche Familiengeheimnisse versteckt werden. Einer Stadt der Weinhändler-Dynastien, in denen auf britischen Akzent und englische Vornamen Wert gelegt wird. Bis heute klebt an Bordeaux das Image einer kühlen, abweisenden Stadt, bewohnt von Menschen, die in einer neuen Wohnung zuerst die Vorhänge aufhängen: „Vivons cachés, vivons heureux“, sagen die Bordelesen selbst. „Nicht auffallen und sich dadurch Ärger ersparen.“ In keiner Stadt Frankreichs, heißt es, hat sich so viel Muff angesammelt wie in Bordeaux. Mag sein. Jedenfalls wird heute keine so gründlich gelüftet.

Gut betucht und gern exzentrisch: Nicole Schÿler, 83, ist eine der letzten Vertreterinnen des Bordeleser Korkenadels

Henri de Grandmaison hat zum Mittagessen auf die Terrasse hinter seiner Wohnung am Quai des Chartrons eingeladen: Ratatouille und Rosé. Der langjährige Chefredakteur der Regionalzeitung *Sud Ouest* kennt Bordeaux und seine Bürger. Hanseatisch reserviert sei die Stadt. Und konservativ – der gaullistische Bürgermeister Jacques Chaban-Delmas regierte immerhin von 1947 an mit Unterbrechungen 42 Jahre lang. Mit liberalem Erbe: Montaigne war hier Stadtoberhaupt, Montesquieu Präsident der ehrwürdigen Akademie der Wissenschaften und Künste.

Dennoch, das Bordeaux von Mauriac gebe es längst nicht mehr, sagt der Journalist. Übrig sei davon höchstens der „Chapon fin“, das immer noch beste Restaurant der Stadt: Schon Mauriac beschrieb dessen Dekor als „lächerliche Grotten“ und spottete, man gehe dort mit Weinfla-

Schnörkellose Klarheit steht für die neue Ära. Das moderne Bordeaux gibt sich **offen und transparent**

Freie Sicht im Gericht: Der Justizpalast des Architekten Richard Rogers ist ein Aushängeschild der Stadt – auch wenn Juristen ihn unpraktisch finden

schen „so zeremoniös um wie mit Sprengstoff". Für Monsieur Grandmaison ist die große Zeit der bornierten Erben der Weinhändleraristokratie längst passé. Ihn ärgert das schlechte Image: „Solche Klischees werden in den Pariser Redaktionen kultiviert!", sagt er erbost.

Bordeaux hat den Anschluss an die Moderne gesucht und gefunden. Weinhändler verkaufen ihre *grand crus* online, und der TGV hält schon seit 1990 hier. Die meisten Versuche, der Stadt architektonisch ein zeitgenössisches Gesicht zu geben, sind allerdings leider fehlgeschlagen: In das Anfang der Achtziger entstandene Hochhausviertel Mériadeck zogen nur Behörden ein, wohnen wollte dort niemand. Und der spektakuläre neue Justizpalast von Richard Rogers ist für die Rechtsprechung ziemlich ungeeignet. Seit 1995 versucht Bordeaux mit neuer Kraft, sein Stadtbild aufzupolieren. Bürgermeister Alain Juppé hat seiner Stadt den Aufbruch verordnet.

„Er macht auf jung", nennt das Madame Schÿler. Frankreichs Ex-Premier joggt manchmal frühmorgens in roten Shorts am Ufer der Garonne entlang und kommt per Rad ins Büro. Denn nachdem er die Stadt in eine riesige Baustelle verwandelt hatte, wurde Juppé, der ständig auf die Uhr sieht, die Fahrt mit dem Dienstwagen zwischen seiner Wohnung am Stadtpark und dem Rathaus im Palais Rohan zu umständlich.

Außerdem taugt der sportliche Stil zur Imagepflege: Modern und dynamisch gibt sich Juppé, und genauso wünscht er sich seine Stadt. Gleich drei große, längst überfällige Projekte brachte er zur gleichen Zeit auf den Weg: den Bau einer Trambahn, den Abbau der alten Hafenanlagen und schließlich die Errichtung eines neuen Stadtviertels am gegenüberliegenden Ufers der Garonne, das seit Jahrzehnten brach liegt.

Der Maler Benoît d'Hauterives kann die rasante Entwicklung vom Fenster seiner Wohnung am Quai des Chartrons aus beobachten. Er sah den täglichen Dauerstau, der wegen der Trambahn-Baustellen die Stadt lähmte. Und er sieht am gegenüberliegenden Ufer der Garonne immer mehr Lichter angehen: Mit dem Bau des neuen Stadtviertels La Bastide endet ein historisches Ungleichwicht. Anders als Paris oder London entstand Bordeaux einseitig am linken Flussufer: Wegen der Biegung der Garonne grub die Strömung auf dieser Seite einen natürlichen, schiffbaren Kanal ins Flussbett. Das rechte Ufer dagegen verschlammte. An die Kurve des Flusses geschmiegt, nahm Bordeaux die Form einer Mondsichel an, *„port de la lune"*, Mondhafen, nennt sich die Stadt bis heute.

Erst 1822 wurde mit der Pont de Pierre eine Brücke zum anderen Ufer geschlagen. Aber als die Werften 1969 geschlossen und der Hafen still gelegt wurden, entwickelte sich die Gegend, die Bordelesen nur „die andere Seite des Wassers" nennen, wieder zum verödenden Niemandsland. Bis jetzt. Am Abend sitzt Benoît in der Gartenwirtschaft „Chez Alric", hier auf der „anderen Seite des Wassers", und blickt auf die erleuchtete Stadt gegenüber. Ein ferner Vorfahr seiner alteingesessenen Familie, erzählt er, soll im 15. Jahrhundert einen Stein zur jetzt hell strahlenden Porte Cailhau bezahlt haben, dem zu Ehren Karls VIII. errichteten Stadttor am Fluss.

Und auch Benoît selbst hat zur Verschönerung der Stadt beigetragen : Vor gut zehn Jahren, als das in ganz Frankreich berühmte Grand Théâtre restauriert wurde, malte er den falschen Marmor auf die Säulen. „Ich habe ein paar erotische Zeichnungen in der Marmorierung versteckt", sagt er amüsiert. Eine Jazzband spielt, und die Wellen brechen sich an den Wurzeln der Pappeln im seichten Wasser. Früher, im 18. Jahrhundert, war Bordeaux Frankreichs größter und wichtigster Hafen, aber „solange ich denken kann", sagt Benoît, „hat Bordeaux dem Was-

Fast so groß wie Notre-Dame in Paris: Die Kathedrale St-André ist die älteste Kirche der Stadt. Baubeginn war bereits im 11. Jahrhundert

Mit lichten Bauten wie dem neuen Kongresszentrum will Bordeaux sein Image ändern. Nicht mehr bourgeois und verschlossen, sondern jung, offen und extravagant

Frankreich wie im Film: Viele Straßenzüge und die verlassenen Palais der Altstadt sind als Drehorte äußerst beliebt

Galerie im Gewölbe: Gewürze aus Übersee lagerten einst in den Räumen, die 1984 zum CAPC, dem Zentrum für moderne Kunst, umgewandelt wurden

Bordelesen legen Wert auf **Stil und guten Geschmack.** Wo sonst enden durchtanzte Disco-Nächte mit einem Austernfrühstück?

ser den Rücken zugekehrt". Auch das hat jetzt ein Ende. Vor Benoîts Fenster ist der schmutzige Zaun verschwunden, hinter dem jahrzehntelang Lagerhallen und Lastkräne des aufgegebenen Hafens vor sich hin rosteten. Dort, zwischen Pont Saint Jean und Bacalan, entsteht eine Uferpromenade mit Fahrradwegen und Liegewiesen, vier Kilometer lang und 80 Meter breit. An den Hafen erinnern nur noch ein paar umgenutzte Hangars, wie die Halle H 14 und das Museum für zeitgenössische Kunst (CAPC), eingerichtet in den wuchtigen Gewölben eines ehemaligen Kolonialwaren-Lagers. Nicole Schÿler hatte für das Museum gekämpft. Bei der Einweihung 1984, so erinnert sie sich, habe es noch nach Gewürzen gerochen.

Spektakulär ist auch der Wandel rings um die nördlichen Hafenbecken, die *bassins à flot*. Junge Bordelesen führen ihre blasierten Pariser Cousins am liebsten zuerst hierher, um für den Rest der Ferien von abschätzigen Bemerkungen über die „Provinz" verschont zu bleiben. Vergessene Lastkräne ragen rostig in den Himmel, eine langgestreckte Betonfestung versperrt den Horizont: Hier liegt die unzerstörbare *base sousmarine*, der einstige U-Boot-Stützpunkt der Achsenmächte. Ein apokalyptischer Ort, ideal für Techno-Veranstaltungen. In einer alten Lagerhalle summt House-Musik, und im blauen Licht der kühlen „W"-Bar drängt sich modisches Volk zwischen Betonwänden. An der Kaimauer dümpelt die „Dame von Shanghai" im Wasser: Ein Restaurantschiff mit fernöstlichem Dekor, gut aussehendem Fisch und noch besser aussehender Bedienung. Hier im alten Hafen vergnügt sich abends die *jeunesse dorée*, die sich an klassizistischen Fassaden sattgesehen hat.

William Touroude alias DJ William Martin saugt Erdbeermilch aus seinem Glas. Im Fatkat, der größten Techno-Disko der Stadt, lässt der 28-Jährige an manchen Abenden mehr als 1000 Menschen tanzen – früher stapelten sich in dieser Halle Paletten. „Ein Gefühl wie beim Flug auf dem Skateboard", sagt der Ex-Profi-Skater. Nachdem die Stadt seit den achtziger Jahren als Heimat der Rockgruppe „Noir Désir" berühmt wurde, gilt Bordeaux heute als eine Hochburg elektronischer Musik. Und das ist vor allem zwei Menschen zu verdanken: Philippe Marchandin, 34, der renommierte DJs ins „Le4Sans" einlädt, und dem Musiker Alexandre Auché, 31, der 1997 in seiner Wohnung den Verein „Zoobizarre" gründete: Im Keller lässt er Künstler auftreten, die sich wie er „für das Experimentelle", den elektronischen „Underground" interessieren.

Snack am Sonntagmorgen: Auf dem Marché Colbert am Quai des Chartrons isst man Austern wie anderswo Currywurst

Der frische Wind in der Stadt bläst für William, Philippe und Alexandre nicht unbedingt aus der richtigen Richtung. „Zu schick, zu clean", befürchten sie, könnte die Stadt werden. Besonders dort, wo alle drei wohnen, in den beiden Altstadtvierteln Saint-Pierre und Saint-Michel, die den Kern des seit 1967 denkmalgeschützten secteur sauvegardé bilden. 40 000 Menschen lebten hier noch in den sechziger Jahren, im Jahr 2000 waren es nur noch 28 000. Die eingemottete Altstadt ist über Jahrzehnte verfallen und hat sich zum Biotop der Jungen und Kreativen entwickelt. Ein Biotop, dem jetzt die Stadtsanierung droht. „Lange wollten nur die Jungen hier leben", sagt Philippe. Es gab keine Appartements für die Besserverdienenden, nicht genug Komfort. Jetzt schafft Juppé Wohnraum „für Familien, die keinen Lärm wollen", sagt Alexandre. Er überlegt, ob er weggeht aus Bordeaux – es wird ihm zu „aseptisch, nett und autofrei".

Das Quartier zwischen Place Saint-Pierre und Place Camille-Julian ist zum schicken Flanierviertel geworden. Das „Utopia", einst als linkes politisches Kino provokant in einer alten Kirche eingerichtet, ist längst etabliert, mehr noch, es passt wunderbar zu Juppés neuer Botschaft: „Bordeaux ist nicht bourgeois und langweilig."

Mehr als 40 Jahre regierte derselbe Bürgermeister die Stadt. Die Botschaft seines Nachfolgers:

Bordeaux braucht Bewegung

Regieren in edlem Rahmen: Bürgermeister Alain Juppé (r.) leitet die Sitzung der Stadtverordneten im Palais Rohan

Noch vor ein paar Jahren fuhr die Jugend aus Bordeaux am Wochenende zum Feiern nach Toulouse, der ewigen Konkurrenzstadt. Das „herzliche mediterrane" Toulouse stand dem „kalten bourgeoisen" Bordeaux gegenüber – so formuliert es der Bürgermeister persönlich. Wer sich betrinken will, hieß es, bleibt in Toulouse nicht lange allein. In Bordeaux schon.

Heute vergleicht sich Bordeaux lieber mit Sevilla – und übertreibt nicht einmal. Die Nacht beginnt um zwei Uhr morgens. Am Wochenende flanieren Tausende über die Place de la Victoire. Im „El Bodegon", der großen, gelbgetünchten Bar mit dem Charme einer spanischen Fernfahrerkneipe, röhrt die Musik, flimmern die Fernseher. Im „Calle Ocho", Rue de Piliers de Tutelle, schwappt der Mojito im Salsa-Rhythmus aus den Gläsern. Wer um zwei endlich auf seinen Magen hört, bestellt ein Steak im „Cochon Volant" an der Place des Capucines und zieht dann weiter zu den Discos am Quai de Paludate. Echte Partygänger treffen sich um fünf zum „After" in der „Sanzi-Bar".

Mittlerweile ist über der Garonne längst die Sonntagmorgen-Sonne aufgegangen. DJ William Martin kommt aus dem „Coco Loco" und kreuzt Madame Schÿler auf dem elegantesten Wochenmarkt der Stadt am Quai des Chartrons. Wo sonst auf der Welt enden Techno-Nächte mit einem Austernfrühstück? Auch der Bürgermeister kauft hier gern ein und schüttelt seinen Wählern die Hände.

Einen Steinwurf entfernt, vor dem „L'Assiette Bordelaise", tunkt der Maler Benoît sein Croissant in den Milchkaffee. Seit er die Silhouette Bordeaux' auf die Paravents der Terrasse malte, ist das Café sein Stammlokal. Und irgendwo auf einer Bank in der Sonne denkt vielleicht ein belesener Tourist an eine Bemerkung des 80-jährigen François Mauriac: „Als junger Mann habe ich Bordeaux verantwortlich gemacht für eine Einsamkeit, die in Wahrheit in mir selber lag. Ich liebte und hasste Bordeaux – wie mich selbst." □

Johannes Wetzel, *Journalist in Paris, hatte vor der Recherche seine Vorurteile gegenüber Bordeaux. Die hat er gründlich revidiert.*
Christoph Otto, *Fotograf aus Berlin, hatte in Bordeaux bereits ein Jahr vor dem* MERIAN-*Auftrag fotografiert und war überrascht, wie sehr sich die Stadt seitdem verändert hat.*

MERIAN | Stadtgeschichte

Von Burdigala bis Bordeaux

Um 50 v. Chr. Die Römer machen die keltische Siedlung Burdigala zur Hauptstadt der Provinz Aquitania
Ab 900 Zweite Blüte von Bordeaux als Hauptstadt des Herzogtums von Aquitanien.
1337-1453: Hundertjähriger Krieg: Die Stadt floriert durch den Handel mit England. 1453 fällt Bordeaux an Frankreich. Karl VII. verbietet den England-Handel.
1700-1800 Durch den „atlantischen Dreieckshandel" mit Sklaven aus Afrika und Kolonialwaren aus Übersee kommt die Stadt zu neuem Reichtum. Der neue klassizistische Stil repräsentiert den Wohlstand.
1793 30 Girondisten, die gemäßigten Republikaner der Revolution, und ihr Anführer Jacques Pierre Brissot werden auf dem Schafott hingerichtet.
1870, 1914 und 1940 Bordeaux wird Ersatzhauptstadt, da Frankreichs Regierungen wegen der Kriege und Besetzungen aus Paris fliehen müssen.
1947 Der konservative Jacques Chaban-Delmas übernimmt das Bürgermeisteramt von seinem Vater und bleibt mit Unterbrechung bis 1995 Herr im Rathaus.
1995 bis heute Alain Juppé wird neuer Bürgermeister und modernisiert die 210 000-Einwohner-Stadt. Wichtigste Projekte: Aufbau des Viertels La Bastide am anderen Ufer der Garonne, Sanierung der Altstadt, Bau einer Straßenbahn.

>> Karte, Stadtrundgang, Adressen auf der Faltplan-Rückseite

Die Mayas haben sich diesen Ort nicht ohne Grund ausgesucht. Vielleicht wegen der unglaublich schönen Strände. Oder wegen der steil abfallenden Klippen. Oder weil hier das zweitgrößte Korallenriff der Welt direkt vor der Küste liegt. Aber vielleicht war auch alles zusammen der Grund. Auf jeden Fall entwickelte sich Tulum zu einer der wichtigsten Mayastätten mit einem herrlichen Blick aufs Meer. Tulum wird auch heute noch von seiner ursprünglichen Stadtmauer umgeben. Einer Mauer, die Menschen nicht aussperrt, sondern dazu einlädt, eine Stadt zu besuchen, die man niemals vergessen wird. Wann lassen Sie Ihre Kunden einen Blick hinter Tulums Mauern werfen?
Kostenlose Informationen unter Tel. 00800 11 11 22 66 oder unter www.visitmexico.com
MEXICO
Ein Land, tausend Welten.
Die Strände der Riviera Maya werden von Experten empfohlen,
die schon vor einigen Jahren dort waren: den Mayas.
ARCHÄOLOGISCHE STÄTTE, TULUM
RIVIERA MAYA

Nur die besten für den Bordeaux: Unreife und kleine Trauben werden von Hand aussortiert, die anderen zum tiefroten Premier Cru gekeltert

Ein äußerst edles Gut

Texte und Fotos: Reiner Klingholz

Das Weingut Latour gilt als Gral der Rotweinwelt. Hier in Pauillac entsteht der berühmteste Bordeaux der Welt. Ein Latour ist Kunst, sagen Kenner. Kunst, die ihren Preis hat

Ein Muster an dezenter Erhabenheit: Es gibt im Bordelais pompösere Schlösser als das Château Latour, doch keines produziert besseren Wein

Frédéric Engerer ist es gewohnt, auf ausgefallene Wünsche zu reagieren. Etwa auf den Hilferuf eines gewissen Daniel Boulud aus New York: „Wir planen ein Diner für 40 Personen, das nur von verschiedenen Jahrgängen Ihrer Weine begleitet werden soll. Was können Sie uns liefern?"
Nun muss man wissen, dass Frédéric Engerer Gutsverwalter des Château Latour in Pauillac ist und Boulud Chef des Restaurants „Daniel" in Manhattan, welches unter Experten als eine der zehn besten Gaststätten des Planeten gilt. Die Anfrage aus den Vereinigten Staaten hat somit höchste Dringlichkeit. „Leute wie Daniel sind die Botschafter unserer Weine", sagt Engerer.

Der Gutsverwalter meldet per E-mail, dass die Jahrgänge 1909, 1949, 1953, 1955, 1959, 1960, 1961, 1964, 1970, 1980 bereit stünden. Jeweils vier Flaschen. Mehr ist auch für New Yorker Sonderkunden nicht drin. Zugegeben: Ein solches Diner „chez Daniel" ist nicht ganz billig. Aber ein einzigartiges Erlebnis. Wer hat schon die Chance, sich an einem Abend an einem Jahrhundert Latour zu berauschen? An einem 1980er, der zwar als „schlank und mit begrenzter Zukunft" eingestuft ist, aber laut Engerer immerhin als perfekter Begleiter zum *amuse-gueule* in Form eines Tunfisch-Sashimi taugt. Oder am krönenden Jahrgang 1961, einem gewaltigen Wein, den die wenigsten Spitzen-Restaurants überhaupt auf der Karte haben und den Kritiker nur in exaltierten Tönen loben: „... in der Nase eine außergewöhnliche Palette mit einem Hauch von Früchten, delikatem Waldduft, einer Spur Animalischem, ein wenig von Trüffeln und Herbstlaub und einem Hauch von Kaffee". Eine Kiste dieses Weines ging kürzlich bei Christie's für 56400 US-Dollar aus der Auktion.

Château Latour liegt im Herzen des Médoc, dem Gral der Rotweinwelt. Unter den Top-Gütern des Bordelais gilt

Latour als Klasse für sich. Nicht, dass sich in den Flaschen von Haut-Brion, Lafite, Margaux und Mouton Rothschild Fusel verbirgt. Aber keiner der glorreichen Fünf, die allein den Titel „Premiers Crus Classés“ tragen dürfen, kann wie Latour auf eine jahrhundertelange Tradition majestätischer Weine verweisen. Latour-Weine gelten als Kunstwerke.

Aus der Nähe betrachtet ist das Médoc ziemlich langweilig. Platt wie ein Tisch, eine endlose Monokultur aus Rebzeilen. Über die Orte mit den weintönigen Namen Saint-Julien, Pauillac oder Saint-Estèphe fallen im Sommer für eine kurze Zeit die Touristen her. Im windigen Herbst geben sich die Weinhändler die Klinken in die Hand. Ansonsten ist hier der Hund begraben. Ohne den Wein wäre die Gegend noch heute ein armseliges Sumpfland, ein Paradies für Moskitos, wasserbrütende Seevögel und den berühmten Gironde-Stör.

Die Holländer, geborene Sumpftrockenleger, die im 17. Jahrhundert vorübergehend den Engländern den Welthandel mit Weinen abgejagt hatten, gruben damals ein komplexes System von Kanälen in die Uferzonen der Gironde. So schufen sie die Voraussetzung für den Anbau der Reben, die kaum etwas mehr verabscheuen als nasse Füße.

Auf der ehemaligen Festung Latour wurde allerdings schon viel früher Wein angebaut. Möglich war dies, weil die Ländereien der damaligen Lehnsherren auf einer winzigen Erhebung lagen, dem *plateau* – das sich wie eine Insel aus dem Morast abhob. Und dort reifte schon immer ein Ausnahme-Wein: Bereits für 1714 ist belegt, dass der Wein von Latour – vor Lafite und Margaux – der teuerste des Médoc war. Thomas Jefferson, seinerzeit amerikanischer Gesandter in Paris und ein großer Weinkenner, schlug im Jahr 1787 vor, Latour als eines der vier Spitzen-Güter des Bordeaux zu klassifizieren.

Heute liegt das für Bordelaiser Verhältnisse bescheidene Château unscheinbar rechts der Regionalstraße D 2 von Bordeaux nach Pauillac. Das schlichte Portal verpasst man fast, weil sich das Schloss der Comtesse de Lalande und das protzige Château Pichon Longueville-Baron in den Vordergrund drängen. Ein Knopfdruck des Latour-Pförtners versenkt die Stahlpfosten im Boden und gibt den Weg frei in die Domaine. Der Blick bleibt an dem berühmten Rundturm hängen, der inmitten von Reben steht. Es ist allerdings nicht der wirklich berühmte Turm, der die klassischen Latour-Etiketten ziert. Den haben englische Landser vor langer Zeit zerstört. Sondern ein Taubenhaus, das 1625 aus den Trümmern der mittelalterlichen Festung aufgebaut wurde.

Die knorrigen Rebstöcke von Latour stehen auf einem Boden, der jedem Ackerbauern die Tränen in die Augen treiben würde: karger, grober Kies, der wegen seines Eisengehaltes oft ein wenig rostig aussieht. Der Grund macht den Reben das Leben schwer. So schwer, dass sie ihre Wurzeln weit in die darunter liegenden Lehmschichten treiben müssen. Erst dabei saugen sie jene Mineralien auf, die dem Wein seine Kraft geben. Diese mageren, für den Wein aber idealen Böden sind die besten von Pauillac. Aus ihnen bezieht der Latour sein tiefes Rot, seine Wucht, während er sich seine seidige Harmonie von den Lagen an der Gemarkungsgrenze zu Saint-Julien holt.

Die Architektur des Guts samt seiner frisch renovierten Keller- und Verwaltungsgebäude ist eine Inszenierung des Minimalismus. Der Innenhof gleicht einem Zen-Garten, in dem im Rechteck vier mal sechs Platanen gepflanzt sind. Der Kies zwischen den Bäumen sieht aus, als würde er stündlich geharkt. Allein um die Farbabstimmung von Kies, Baumrinde und dem einfassenden Kopfsteinpflaster muss sich ein ganzes Designer-Team Gedanken gemacht haben.

Durch groben Kies treiben die Reben ihre Wurzeln bis in tiefe Lehmschichten. Der Wein, der so entsteht, ist laut Gutsverwalter Fréderic Engerer ein Beispiel an Reinheit, Eleganz und Finesse

„Der Hof soll die Reinheit, die Eleganz und die Finesse unserer Weine ausdrücken", sagt Frédéric Engerer. Der Blick aus seinem Büro wirkt an diesem Herbsttag wie ein monochromes Gemälde: ein endloser Weinberg, aus dem in der Ferne ein spindeldürrer Kirchturm in den Himmel ragt.

Frédéric Engerer ist kein Winzertyp in Kellerjacke und Gummistiefeln. Was er sagt, ist so makellos wie der weiße Kragen, in dem der Hals des 39-jährigen Ökonomen steckt: „Wir haben Ausdauer. Wir haben 500 Jahre Erfahrung mit dem *terroir*. Wir produzieren unabhängig von Moden. Ein Latour bleibt ein Latour."

Und das ist eigentlich ein Wunder. Denn das Weingut hat turbulente Zeiten hinter sich. In der jüngeren Vergangenheit wechselten häufig die Besitzer: Die Domaine, Jahrhunderte im Eigentum Bordelaiser Adelsfamilien, lag Anfang der 1960er Jahre in der Hand einer unüberschaubaren Erbengemeinschaft, die nicht mehr in der Lage war, klare Beschlüsse zu fassen. Nur einen letzten: Latour an britische Investoren zu verkaufen. Eine nationale Katastrophe.

Die neuen Eigner investierten nicht schlecht, ließen etwa die ersten Edelstahlgärtanks im Médoc installieren – aber mussten letztlich scheitern. Als hätte sich die Natur gegen die Fremdherrschaft verschworen, brachten die 1960er und 1970er Jahre vergleichsweise dünne Weine hervor. Das Schloss ging 1989 an eine andere britische Gruppe, die noch schneller die Geduld verlor. Im Juni 1993 holte dann der französische Milliardär François Pinault für einen Spottpreis von 110 Millionen Euro Latour zurück unter die Trikolore. Drei Jahrzehnte „britischer Besatzung" gingen zu Ende.

Seither regiert auf Latour eine junge Truppe, die hinter der Fassade der Beständigkeit eine stille Revolution angezettelt hat. Heute bleibt nichts mehr dem Zufall überlassen. Schon im Spätsommer werden die Trauben wie Patienten auf der Intensivstation überwacht. Önologen verfolgen akri-

Alles glänzend unter Kontrolle: Kellermeister Pierre-Henri Chabot zwischen den Gärtanks, deren Temperatur bis auf ein Zehntelgrad reguliert wird

bisch die Relation zwischen Zucker, Säure und Tanninen, um den optimalen Zeitpunkt der Lese zu ermitteln. Nur die vollreifen Trauben haben eine Chance, sorgsam in Kunststoffhorden gestapelt und von Hand nachverlesen zu werden. Früher haben altgediente Weinbergsarbeiter diese Arbeit unter freiem Himmel erledigt. Heute sortieren junge Leute in einer Halle unter hellem Kunstlicht kleine und unreife Trauben aus. „Anders als die Alten kennen die sich kaum, reden nicht so viel. Deshalb arbeiten sie sorgfältiger", sagt Engerer. Präzision geht vor Folklore.

Früher hatten die Winzer keinen Einfluss auf die Temperatur in den hölzernen Gärfudern. Wenn es darin zu warm wurde, extrahierte der Wein leicht die so genannten grünen, harten Gerbstoffe aus den Schalen. Viele Bordeaux-Jahrgänge waren deshalb berüchtigt für ihre beißenden Tannine. Heute regelt der Zentralcomputer die Temperatur im Gärtank auf ein Zehntelgrad. Mit Sorgfalt auf allen Ebenen will Engerer auch aus schwierigen Jahrgängen große Weine machen: „In einem guten Jahr einen Grand Vin zu produzieren, ist keine Kunst." Echte Herausforderungen sind Jahre wie 1994 oder 1997, in denen einem kühlen Sommer ein verregneter Herbst folgt, in dem Dürre zu Trockenschäden führt, Hagel die Ernte schädigt oder sich Schimmel auf die unreifen Trauben setzt.

Puristen könnten bemängeln, dass den Weinen der neuen Mannschaft die Launigkeit der Natur abhanden gekommen ist. Dass sich die Jahrgänge unter der Knute der Qualitätsbesessenen ähnlicher werden. Tatsächlich hatten die Latour-Weine der Vor-Engerer-Zeit mehr Ecken und Kanten. Der Jahrgang 1996 zum Beispiel, bei dem man das Salz des Ozeans im Abgang spürt. Oder der 1995er, der einen trockenen Sommer ertragen musste und dadurch parfümartige Noten nach Lavendel und Minze abbekommen hat. Diese kleinen Makel fehlen seit dem Jahrgang 1999. Dafür schwärmen Kritiker von noch mehr Latour-Stil im Latour. So ein Wein hat seinen Preis. Zu teuer, urteilen viele Sommeliers, die ihre Weinkarten heutzutage mit weitaus billigeren, spannenden Weinen aus aller Welt bestücken können. „Früher haben wir zehn Flaschen Latour im Monat verkauft", sagt Stéphane Gass, Weinkellner der „Schwarzwaldstube" in Baiersbronn, einem der bekanntesten deutschen Gourmet-Restaurants. „Mittlerweile, da selbst ein schwacher Jahrgang nicht unter 300 Euro zu haben ist, werden wir eine Flasche im Vierteljahr los – und die geht an Russen oder Amerikaner."

Wer aber trinkt die rund 220 000 Flaschen Château Latour, die jährlich abgefüllt werden? Frédéric Engerer hat dazu ein genaues Konsumenten-Muster vor Augen: Da sind einmal die traditionellen Weinliebhaber, die typische Ärzte- und Anwälte-Klientel. Zum zweiten die „Label-Trinker", Menschen, die über Wein reden, wie sie über ihre Falcon-Jets und ihre Yachten reden. Und drittens die Gruppe der „Geld-spielt-keine-Rolle-Typen." Meistens junge, neugierige Leute. „Die trinken alles, von Neuseeland bis Argentinien", sagt Engerer. „Eines Tages bekommen sie einen Latour vorgesetzt. Und dann sagen sie: Hoppla! Das ist ja etwas ganz Besonderes. Das sind unsere wichtigsten Kunden. Denn sie siedeln irgendwann über in Gruppe eins."

Worüber Engerer lieber schweigt, ist eine vierte Gruppe. Die ausgemachten Ignoranten: „Die trinken einen 2000er Latour als Apéritif", schaudert er. „Zu Erdnüssen!" □

Reiner Klingholz, *ausgebildeter Chemiker, war Wissenschaftsredakteur der ZEIT und bei GEO. Weil er aus der Pfalz stammt und ein Haus mit großem Keller hat, der sich für das Lagern von Flaschen eignet, schreibt er auch gern über Wein.*

Der Turm, *la tour*, inmitten der Reben ist das Wahrzeichen des Guts. Seit Jahrhunderten hat jeder Wein seine eigene Note. Der 1878er Latour gilt als „korpulent und komplett"

Ein echter Bordeaux...

...muss keine Preise gewinnen, sondern ein gutes Essen begleiten. Sagt Sommelier **Hideya Ishizuka**, einer der renommiertesten Experten für die Weine des Bordelais

Der japanische Sommelier Hideya Ishizuka gilt als großer Kenner alter Bordeaux-Weine. Seine Erfahrung hat er über Jahre als Weinkellner im Château Cordeillan-Bages, dem besten Etablissement in Pauillac gesammelt. Heute leitet Ishizuka das Restaurant „Hiramatsu", einen Kometen am Gourmet-Himmel von Paris.

Mögen Sie japanische Weine?

Hideya Ishizuka: Auch wenn es wenig bekannt ist – Japaner machen guten Wein. Meine Landsleute haben sich in Frankreich alles genau angesehen, Japaner sind sehr gut im Kopieren. Leider kann man diese Weine eigentlich nicht trinken. Sie sind viel zu teuer und es gibt zu wenig davon.

Wie finden Japaner zu ihren Lieblingsweinen?

Den meisten gefällt alles, was teuer ist. Man weiß allerdings nicht, ob ihnen das auch schmeckt. Ein Japaner sagt nicht, was er denkt.

Und was denken Sie?

Ein Wein muss ein Essen begleiten. Das ist das Wichtigste. Ob ein Wein gut ist, hängt von vielen Faktoren ab, von der Tageszeit, von der persönlichen Verfassung, von der Begleitung. Es ist ein großer Unterschied, ob ich einen Wein mit einer hübschen Frau oder mit Ihnen trinke.

Wie kamen Sie dazu, Sommelier zu werden?

Ich wollte eigentlich Koch werden und bin auf die Hotelfachschule gegangen, um mich auf die französische Küche zu spezialisieren. Dort habe ich zum ersten Mal Wein getrunken und festgestellt, dass ich erst die Weine studieren musste, um kochen zu lernen. Mit 20 hat man mich zum besten Sommelier Japans gewählt. Diese Auszeichnung darf man allerdings nicht überschätzen, denn es gab damals in Japan gar nicht viele Weine, die man hätte probieren können.

War es schwer, sich als japanischer Sommelier in Frankreich zu etablieren?

Natürlich gab es Gäste, die haben gesagt: „Was? Ein Japaner ist für den Weinkeller verantwortlich? Das ist doch gar nicht möglich!" Diese Leute wollten dann von dem Maître d'Hôtel bedient werden.

Hat Sie das abgeschreckt?

Im Gegenteil. Es gab ja noch viel zu lernen. Bei meiner Arbeit im Château Cordeillan-Bages in Pauillac hatte ich die Möglichkeit, alles zu probieren, die Winzer zu besuchen. Es gibt heutzutage Sommeliers, die wollen immer nur die Top-Weine testen – Latour, Lafite, Cheval Blanc, Pétrus und so weiter. Man muss aber auch die unbekannten, auch die schlechten Weine trinken, um ein Bild von einer Region zu bekommen. Die Spitzenweine kenne ich ja ohnehin.

Was macht Wein aus dem Bordeaux so einzigartig?

Überall auf der Welt versuchen Winzer den Bordeaux-Stil zu kopieren. Und solche Weine aus Chile, Kalifornien oder Südafrika gewinnen tatsächlich internationale Preise. Ich glaube, im Bordelais lässt man sich davon nicht beirren. Dort produziert man keine Weine für Wettbewerbe, sondern um sie zu einem guten Essen zu servieren. Wie vor 100 Jahren. Diese Weine altern gut. Ein Château Latour von 1945 ist heute exzellent mit wunderbar reifen Tanninen und komplexen Aromen. Der fiele aber bei jeder Prämierung in Konkurrenz zu den frühreifen Weinen der Neuen Welt durch. Man kann diese Weine nicht vergleichen.

Ist der Bordeaux seinen Preis wert?

Guter Bordeaux ist teuer. Das ist wie an der Börse. Wenn alle Welt diese Weine haben will, ziehen die Preise an. Davon profitieren die Händler, weniger die Erzeuger. Manche Güter, die Jahr für Jahr ihre Preise erhöhen, haben längst vergessen, wie man arbeitet. Die leben nur noch von ihrem Ruf. □

Im Irrgarten der Weinwelt

Appellation, Cabernet und Premier Cru – dem Laien schwirrt schnell der Kopf vor Fachvokabeln. Im Zweifelsfall: Vertrauen Sie einfach auf Ihren Geschmack

Wer die Weine des Bordeaux begreifen will, sollte sich auf ein etwas längeres Studium einstellen. Die große Zahl von Appellationen und Klassifikationen, die Rebsorten und die endlose Vielfalt von Etiketten erfordern eine gewisse Lernfähigkeit.

Durch die Flüsse Garonne und Dordogne, die nach ihrem Zusammenfluss bis zur Mündung im Atlantik den Namen Gironde tragen, ist das Anbaugebiet des Bordeaux von Natur aus klar gegliedert. Auf der linken Seite der Ströme liegen nördlich von Bordeaux Médoc (Rotweine) und südlich Graves (vorwiegend trockene und süße Weißweine). Das rechte Ufer des Flusssystems heißt der Einfachheit halber Rive Droite. Hier wachsen von Blaye bis Pomerol und St-Émilion die unterschiedlichsten Weine. Im „Land zwischen den Strömen“ schließlich wird der rote und weiße Entre-deux-Mers produziert.

Generell darf in Frankreich nur in speziell ausgewiesenen Zonen, den etwa 470 Appellations d'Origine Contrôlée (AC), Qualitätswein angebaut werden. Innerhalb einer AC gelten strikte Regeln. So sind etwa Pflanzdichte und Ertrag begrenzt, Alkoholgehalt und Rebsorten vorgeschrieben.

Ein roter Bordeaux wird im wesentlichen aus den Sorten Cabernet Sauvignon, Merlot und Cabernet Franc gekeltert, wobei die Mischungsverhältnisse je nach Region variieren. Bei den Weißen dominieren der Sauvignon Blanc und der Sémillon, wobei letzterer zur Edelfäule neigt und grandiose Süßweine hervorbringen kann.

Unabhängig von der geografischen Einteilung sind Bordeaux-Weine nach Qualität klassifiziert. Dies hatte Napoleon III. anlässlich der Pariser Weltausstellung 1855 angeordnet, um die Weine einem internationalen Publikum verständlich zu machen. Damals erhielten die Schlösser von Haut-Brion, Lafite, Latour und Margaux den Rang eines „Ersten Gewächses“, dem Premier Cru. Bis heute hat sich dieser erlauchte Kreis kaum geändert. Allein Mouton-Rothschild wurde 1973 zu einem Premier Cru erhoben.

Unterhalb dieser „Ersten Gewächse“ sind die Weine eingestuft bis zum „Fünften Gewächs“ – und darunter als Crus Bourgeois und Crus Artisans. Wer es als Winzer nicht in eine dieser Kategorien schafft, produziert Wein unter der Bezeichnung

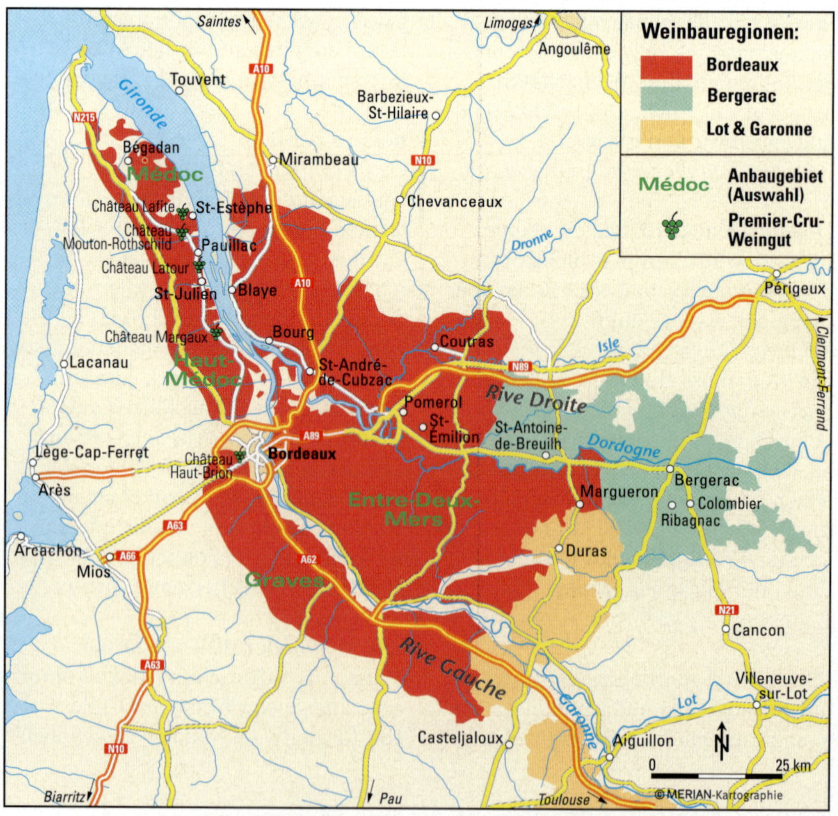

Die Flüsse Garonne und Dordogne gliedern das Anbaugebiet des Bordelais. Die rechten Uferseiten heißen Rive Droite, die linken Rive Gauche, die Gegend zwischen den Flüssen Entre-Deux-Mers

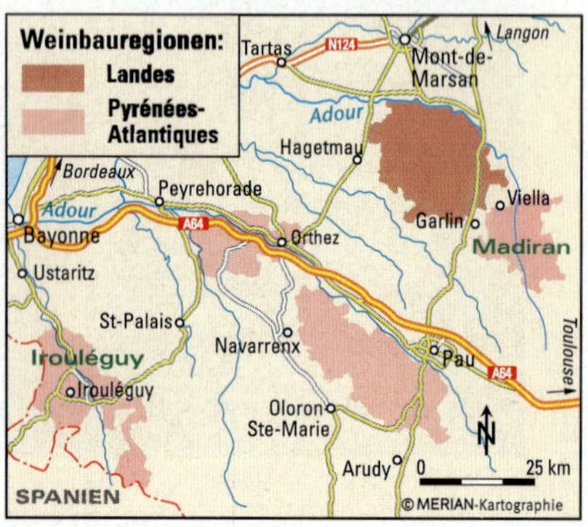

AC Bordeaux oder Bordeaux supérieur. Diese Klassifikation gilt freilich nur für das Médoc. Die AC St-Émilion beispielsweise besitzt zwei Klassen von Premier Crus Classés, A und B, darunter eine dritte und vierte Liga, aber keine Crus Bourgeois. Im Entre-deux-Mers, in weiten Teilen der Rive Droite und im Graves, dem ältesten Weinbaugebiet des Bordeaux, existieren überhaupt keine Hierarchien. So kommt das Château Pétrus in Pomerol, einer der teuersten Weine der Welt, ganz ohne Titel aus.

Von diesen verwirrenden Regeln hat der Verbraucher herzlich wenig, denn die Weingüter halten ihre Klassifizierungen wie Adelstitel, die ihnen nur in den seltensten Fällen aberkannt werden können. Einzig in St-Émilion werden die Einstufungen regelmäßig revidiert. Aber auch hier sagen die Bezeichnungen wenig über die Qualität der Weine aus. Ein Bordeaux supérieur kann besser und billiger sein als ein Grand Cru aus St-Emilion. Viele namhafte Schlösser produzieren sogar ausgesprochen schlechte Weine, in denen unreife Gerbstoffe und kratzige Säuren dominieren. Lediglich die Preise entsprechen dem aristokratischen Image.

Unter den 8000 Produzenten des Bordeaux gibt es viel Mittelmaß, eine Reihe verlässlicher Spitzengüter – und immer wieder Neuentdeckungen. Allerdings sollte man sich die Idee vom Geheimtipp für fünf Euro von vorneherein abschminken. Erstens kann kein Winzer für diesen Preis guten Wein produzieren. Und zweitens spräche es sich in Windeseile herum, wenn irgendein ein unbekannter Stern am Himmel des Bordeaux aufstiege. □

Abseits der noblen Schlösser keltert Michel Riouspeyrous in der AC Irouléguy spannende Weine

MERIAN | TIPP Weingüter

Weit im Norden des Médoc liegt das Château Vieux Robin, wo Didier Roba seinen Wein noch in alten Beton-Tanks ausbaut. Wer sich durch die hässlich gestylen Etiketten des Cru Bourgeois Supérieur nicht abschrecken lässt, trifft auf ein Gewächs, das sich mit den ganz Großen messen kann.
Bégadan, Tel. 05 56 41 50 64

In der AC St-Émilion, die sich rund um die mittelalterliche Stadt mit der berühmten Felsenkirche aus dem 12. Jahrhundert ausbreitet, produziert Guy Meslin Bio-Wein der Extra-Klasse. Das Château Laroze, ein Grand Cru Classé, steht für feine Frucht und Eleganz zu halbwegs zivilen Preisen.
St-Émilion, Tel. 05 57 24 79 79

Am meisten zu entdecken gibt es für Weinreisende in jenen Regionen, die im Schatten der berühmten Namen stehen: vom Anbaugebiet Bergerac, das sich im Osten unmittelbar an die AC St-Émilion anschließt, bis nach Irouléguy im Baskenland. Die Landschaft ist hier viel reizvoller als das platte Land an der Gironde, der Wein vielfältiger, die Restaurants besser. Die Winzer müssen sich mächtig ins Zeug legen, um gegen die Nobel-Konkurrenz aus dem Bordelais zu konkurrieren.
Önophile können ohne Probleme zehn Tage lang auf der Route des Vins im Anbaugebiet des Bergerac von Herberge zu Herberge ziehen und Weine von 118 Erzeugern in fünf Farbtönen genießen – weiß, rot, rosé, die gelben Süßweine und die goldenen Likörweine. Starten sollte die Tour auf alle Fälle im Maison des Vins in Bergerac, Tel. 05 53 63 57 57, einem zum Museum und Degustationszentrum umfunktioniertem Kloster aus dem 17. Jahrhundert.

Während sich im Bordelais jeder Schuppen mit ein paar Fässern „Château" nennt, stapeln viele Winzer in den Nachbar-Lagen mit ihren Namen etwas tiefer. Beispielsweise die Domaine de l'Ancienne Cure. Der Wein muss sich jedoch keineswegs verstecken, vor allem nicht das Spitzenprodukt „l'Extase".
Colombier, Tel. 05 53 58 27 90

Die Bio-Weine vom Château Tour des Gendres der Familie de Conti haben mehr Charakter als die meisten Bordeaux. Sie gehören mittlerweile zum Teuersten, was es in Bergerac zu kaufen gibt. Aber das ist immer noch preiswert.
Ribagnac, Tel. 05 53 57 12 43

Was auf dem Château Moulin Caresse auf Flasche gefüllt wird, kostet ein Zwanzigstel eines Château Pétrus und hat eines des besten Preis-Leistungs-Verhältnisse im Südwesten Frankreichs.
St-Antoine-de-Breuilh
Tel. 05 53 27 55 58

Das Madiran gehört zu den verkannten Weingebieten Frankreichs. Hier wächst eine Traube namens Tannat, die dem Wein so viel Kraft und Farbe gibt, dass er früher heimlich als „Deckwein" ins Bordeaux gebracht wurde, um den dortigen Tropfen aufzupeppen. Besonders Winzer Didier Barré von der Domaine Berthoumieu in Viella hat sich dort einen Namen gemacht.
Viella, Tel. 05 62 69 74 05

Die Weine der Domaine Arretxea aus der AC Irouléguy sind leichter zu trinken als auszusprechen. Die Reben wachsen in spektakulärer Lage nahe den Ausläufern der Pyrenäen. Das kleine Gut keltert die spannendsten roten und weißen Gewächse der Region.
Irouléguy, Tel. 05 59 37 33 67

Strandplatz für große Wassertiere: Junge Wale schwammen früher oft vor der Westspitze der Insel an Land. Der „Walfischturm", *Phare de baleines*, ist nach ihnen benannt

Fotos: Hervé Lenain

ÎLE DE RÉ -
Es war einmal eine einsame Insel...

Perfekter Ferienhafen: die Inselhauptstadt St-Martin-en-Ré

Ré ist mondän, aber kokettiert nicht damit

Die kleine Prinzessin aus dem 16. Arrondissement rümpft die Nase. Elegant, wie es nur Frankreichs höhere Töchterchen können, und so voller Empörung. Sie drückt die Schultern nach hinten, dass sich ihr Modellkleidchen entrüstet kräuselt, und petzt alles ihren Eltern. Unverschämt, diese Verkäuferin am Marktstand mit den Lutschern. *In-ad-mis-sible*. Unerhört. Verdrießlich runzelt die Kleine die Stirn, bis in den kindlichsten Gesichtsmuskel von Bedeutung durchdrungen.

Am Nebentisch liest ein Herr seine Zeitung, *Le Monde,* die Sportseiten, das gebräunte Gesicht unter der Sonnenbrille eine Maske der Unberührbarkeit, die noch oder wieder blonden Haare zurückgestrichen, offenes Hemd, hochwertige Bermudas, die Füße in raffinierten Pantoletten aus Leder – eine Skulptur von Bedeutung jener Sorte, die mit erhobener Nase am Lenkrad eines zweieinhalb Tonnen schweren Luxusgeländewagens gegen die Welt verteidigt wird.

Erholung auf der Île de Ré. Die Terrassen gefüllt mit Absolventen der Eliteschulen, die Straßen verstopft von schweren Karossen mit den Kennzeichen 75, 76, 78, 92. Paris steht wieder mal im Stau. Und doch: Das hier ist nicht Paris. Das ist Frankreichs exklusivster Streifen Atlantik, und „La Bazenne" sein tonangebendes Bistro. Vorhin hat hier Emmanuelle Béart eine Orangina getrunken, und niemand sah sich nach ihr um. Madeleine Chapsal, die Märchenamsel französischer Gesellschaftsspalten, albert mit Freunden, als säßen sie am Esstisch daheim. Lionel Jospin, Ex-Premier, wohnt im Nachbarort. „La Bazenne" mit den gelben Markisen im Kern des Fischerdorfs Les Portes ist zurzeit die schickste Bühne der Grande Nation. Und die Insel Ré ihr mondänstes Theater.

Als „Saint-Tropez des Atlantiks" wird das Eiland gehandelt, aber anders als am Mittelmeer ist Neureichen der Zugang erschwert. Anders als im echten Saint-Tropez gehören hier nicht die teuersten Villen den Russen. Auf Ré herrscht geschlossene Gesellschaft. Tonangebend sind die guten Familien der Hauptstadt und ihre Kultur von Understatement und Selbstverständlichkeit. Ré ist das 21. Arrondissement von Paris. Hier treffen sich seine Cliquen von Industriellen, Ärzten, Intellektuellen und kultivieren ihre distanzierte Süffisanz. Hier gehört man dazu: Paris als Konzentrat.

Weiß fließt das Licht über die flache Insel, die sich ihrer endlosen Sonnentage und ihrer fast ägäischen Farben rühmt. Zwischen Wein und Pinienwald ducken sich behutsam restaurierte Dörfer, in deren Gassen unter blassen Volets wilde Malven in gelb und rot von einer sanften Seebrise geschüttelt werden. Einst lebten hier Bauern und Kaufleute, die Salz und Wein mit dem Festland handelten. Heute verstecken sich paradiesische Anwesen hinter Pinienhainen, überstrahlt fast das ganze Jahr von einem milchigen Blau. Ré ist unspektakulär, aber perfekt. Keine touristische Brutalität beleidigt das Auge, die Orte wirken wie Spitzenkandidaten, die darum konkurrieren, das schönste Dorf im Land zu sein.

Leger am Meer: In den Bistrots von St-Martin ist ein Kaffee so teuer wie in Paris. Was die Pariser Gäste nicht weiter stört

Transatlantik-Chic: Im Quäker-Stil ließen Hausbesitzer ihr Domizil in Ars-en-Ré einrichten, allerdings wenig spartanisch

Vornehme Blässe: Ganz in Weiß und minimalistisch-verspielt gestaltete ein Dekorateur sein Haus in Ars-en-Ré

Vom Winde verweht wurden die Samen der Malven, die vor einem Ferienhaus in Loix wild wachsen

Die See prägt den Geschmack, im Interieur wie zu Tisch. Frische Muscheln gehören ebenso zur Lebensart *à la rétais* wie der hölzerne Segler auf dem Kaminsims

Der Architekt dieses Aufstiegs gibt sich als bescheidener Patriot. Georges Houin ist von der gemütlichen Sorte, Apfelbacken, Kurzhaarschnitt, ganz Kamerad, einem guten Bier am Nachmittag keineswegs abgeneigt. Insulaner im neunten Glied. Georges Houin ist der Pflegevater der Île de Ré. Ihr Erfinder. Wie keiner hier hat er den Aufstieg des flachen Eilands vorbereitet, hat dessen Comeback von einer diesigen Gefängnisinsel zum mondänen *must* an Frankreichs Westküste durchgesetzt.

Er hat mit seinen roten anpackenden Händen die Tourismuszentrale mit emporgezogen, damals in den frühen Achtzigern, als die Charente-Maritime nur Insidern für ihre Austern und ein paar hübsche Kirchen bekannt war, als sich das weiße Licht im Meer verlor und Ré von einer maßvollen Zahl Getreuen geliebt wurde für seine Sandbänke und Salzmarschen am Rande des großen Nichts. Als abends um elf die letzte Fähre ablegte und dann Stille die fahlen Dörfer umschloss wie die leise steigende Flut. Als von den bescheidenen Häuschen der Salzwind die weiße Tünche in großen Placken abschälte.

Vor allem hat Houin für die Brücke gekämpft. Seitdem sie da ist, wurde alles anders. „Die Brücke ist das Wunder der Wunder", sagt Houin. Seit 1988 jagt ihr vierspuriger Betonbogen im eleganten Schwung hinüber nach La Rochelle, strahlend beleuchtet noch tief in der Nacht, wenn längst kein Auto mehr fährt. Seit ihrer Eröffnung hat sich die Zahl der Touristen verdoppelt, 150000 schlafen hier in einer durchschnittlichen Sommernacht. Die Grundstückspreise stiegen in den Himmel, zwischen 1996 und 2003 allein von 150 auf 300 Euro pro Quadratmeter. Wer Boden besaß, hatte ausgesorgt. Die Brücke zum Festland machte die Insel zum Pariser Prachtboulevard.

An warmen Abenden flanieren die Menschen mit den Ellenbogen zwischen den Crêpe- und Schmuckständen am grünen Hafenbecken von Saint-Martin hindurch, der Inselhauptstadt. Sie schieben sich als eleganter Strom an den zweistöckigen Kaufmannshäusern aus dem 18. Jahrhundert entlang zum Eisstand von Delamotte. Ein Volk in Sommeruniform, er in Bootsschuhen, heller Hose, Hemd, den Pulli über den Schultern; sie mit Sandalen, Trägerkleid und Kurzhaarschnitt, das Söhnchen in Matrosenanzug und Riemchenschuhen, schlafend über Papas Arm.

Der wahre „Jet-Set rétais" indes hält sich fern von jeglicher Massenlust. Wer wirklich dazugehört, hat es Künstlern wie Richard Texier und Designern wie Christian Liaigre nachgetan, die vor dem Boom hier Stille und Licht suchten, hat eins der gekalkten Häuschen in den engen Straßen der Inselstädtchen Ars, La Couarde oder La Flotte gekauft, die ausgetretenen Böden ersetzt durch Teak, die Zimmer karg gemacht wie Seewind, geschmückt mit einem verblichenen Schiff aus Holz und der Skulptur einer Möwe. Hat in den Garten nach hinten hinaus eine Loggia setzen lassen, Glas und Granit, um im Herbst ungestört mit den frisch gekämmten Enkeln frühstücken zu können. Hat in das Schlafzimmer (Roh-

Maritime Eleganz ist den Touristen lieb und teuer

putz, cremefarben) ein riesiges antikes Schiffsbett gestellt.

Hinter den niedrigen Wänden versteckt sich eine Olympiade von *Schöner Wohnen*, ein Archipel des unfehlbaren Geschmacks. Um jeden kreativen Schub der 16000 ständigen Residenten bewältigen zu können, blüht auf der Insel das Dekorationsgewerbe. In Hunderten von Schaufenstern sammeln sich Schwärme von Holzmöwen. Was auf Europas Speichern noch an Bauernmöbeln überdauerte, wird hier als Antiquität aus dem Kapitänshaus verhökert: Die Dekorateure Anne und Fauchon fahren bis nach Clermont-Ferrand, um alte Möbel zusammenzustoppeln und sie dann mit maritimen Motiven zu bemalen.

Manche Restaurants wie das senffarben getäfelte „L'Ecailler" in La Flotte haben die Grenze zwischen Einrichtungshaus und Gaststätte so sehr verwischt, dass sich Käufer auf der Suche nach einem Möbelstück in die Speiseräume verirren. Die einstige Insel ist mittlerweile kaum sichtbar entkernt und verkauft worden. „Ré ist reiner Marie-Claire-Stil", beschwert sich die Insulanerin Sandrine. „Nirgendwo sonst handeln so viele Geschäfte mit dem Nichts." Anders als ein Zweithausbesitzer muss die Frau eines Krankengymnasten hier ständig leben, sie muss hier ihr Geld verdienen und hier ihre Miete zahlen. Aber: „Einen Pullover gibt es hier nicht für weniger als 150 Euro."

Manche der einstigen Bewohner, die an den Pariser Preisen auf Ré verzweifeln, wandern aus nach La Rochelle in eine HLM, eine jener Sozialwohnungen, deren felsige Agglomerationen in ihrem Kalkgau den Stadtrand schmücken. Die neuen Insulaner zelebrieren den Geschmack des wahren Rétaiser. Der aber kommt häufig nur noch zum Putzen.

Klaus Mynter kann darüber hinweg schauen. Der Deutsche mit den buschigen Brauen hat seinen Platz als Konzertviolinist in München abgegeben, bevor ihn der Ruhestand niederstrecken konnte, und einen teuren Segelklub in Les Portes aufgebaut. „Einen sehr teuren", sagt er.

Auf Mynters Karbonfaser-Yachten schiffen sich die „Présidents-Directeurs-Generaux" ein, die Vorstandsvorsitzenden der französischen Konzerne. Ein Chefarzt aus Straßburg, Schwimmweste in der Hand, marschiert mit Tochter in Richtung Bootshalle. Braun gebrannte Entspanntheit, ganz der kleine Junge. Noch einen Törn vor dem Diner. Mynter zwinkert ihnen aus seinen Krähenfüßen zu.

In Frankreich halten die sozialen Schichten. Wer dazugehört, zeigt sich abends im „Baleine Bleue" in Saint-Martin zur kleinen Meeresfrüchteplatte. Als „ein bisschen angeberisch" bezeichnet Philippe Bodart, der Besitzer, selbst sein Lokal. Hier feiern casual gewandete Cliquen ihre Freiheit unter vieletagigen Schalentierplateaus, zwischen Arrangements aus Dutzenden, aus Hunderten von Austern, die blau zwischen Gletschern aus gestoßenem Eis hervorschimmern. Bataillone von Felsenhummern tragen ihre spitzen Antennen aufgepflanzt zu machtlosen Bajonetten, Taschenkrebse, handtaschengroß und halbiert, recken ihre Scheren in einem letzten Triumph den Gesichtern der kauenden Gäste entgegen. Im „Bistrot du Marin" nebenan schwatzen gestikulierend Rugbystars aus Clermont-Ferrand mit Pepette, dem Patron, und sehen dabei aus wie Pariser Intellektuelle in ihrer Stammkneipe.

Die Orte sind rar geworden, wo nicht alles hübsch und teuer ist, wo noch ein bisschen von der Seele des eigenwilligen Ré überdauert hat. Wo die schlichte Sinnlichkeit Platz hat, ohne die das überhöhte Raffinement der französischen Zivilisation gar nicht denkbar wäre. Am Tresen des „Aux Frères de la Côte" hinter der langen Steinmole am Weststrand von Ars widmen sich ein paar Einheimische einem kleinen Bier. Auf den verwaschenen Steinen des Hafendamms stehen Plastikstühle, vom Licht des abendlichen Watts getrennt nur durch ein kniehohes Mäuerchen. Unter dem Vordach ist ein kleiner Verstärker aufgebaut, ein Mikrofon mit Blick ins schwellende Violett der beginnenden Nacht.

Die nicht mehr ganz junge Sängerin stimmt ein trauriges Lied an und lächelt dabei über die Köpfe der Gäste hinweg. Bier trinkende Eingeborene albern ein bisschen mit ihr herum. Dann, bei „Aux Champs-Elysées", singen sie alle mit, auch die kleinen Jungs auf der Mauer in der Abendsonne. Unten schließt sich mit leisem Knistern das Meer über den schwarzen Felsen, und die Kellnerin mit ihren ausgetretenen Sandalen und ihrer großen Hornbrille serviert eine Platte Austern, kühl wie die See. □

Die Brücke brachte den Reichtum für Ré. Über drei Kilometer verbindet sie seit 1988 Insel und Festland

Text: Kathrin Sander

Karrierefrau und Königin

Sie war die stärkste Herrscherin des Mittelalters: Eleonore von Aquitanien regierte über Frankreich und England, überlebte zwei Ehemänner, 14 Jahre Kerker und machte aus wilden Kriegern edle Ritter

Lesend ist Eleonore auf ihrem Grab in Fontevraud nachgebildet: Sie galt als klügste Frau ihrer Zeit

Es ist ein Aufmarsch wie im Märchen: ein Prinz, 16 Jahre alt, auf dem Weg zu seiner zukünftigen Frau, hinter ihm ein gewaltiger Tross von Rittern und Vasallen, beladen mit kostbarem Geschmeide, schweren Kerzenleuchtern aus purem Gold und Gewändern aus Samt und Brokat. Man schreibt das Jahr 1137. Der französische Thronfolger Ludwig nähert sich Bordeaux, sein Vater, schwer krank, hat ihm aufgetragen, die Herzogin von Aquitanien zu ehelichen, um so die Zukunft Frankreichs zu sichern.

Liebe ist nicht im Spiel. Noch nicht. Ludwig, ein blasser, schüchterner Teenager, wurde von klein auf im Kloster erzogen. Am geistlichen Leben liegt ihm mehr als an weltlichen Freuden. Die Heirat ist reine Pflichtsache: Frankreich, das durch die Winkelzüge eigenmächtiger Vasallen ausblutet, soll durch die Ehe mit der Erbin des wohlhabenden Aquitanien an Macht gewinnen.

Seine zukünftige Frau kennt er nicht. Er hat vielleicht von ihrem Großvater gehört, dem lebenslustigen Wilhelm IX., der als einer der ersten Troubadoure mit frivolen Gedichten zu Ruhm gelangte, und er weiß von der Schönheit Eleonores: Blond, wohlgeformt und lebenslustig soll sie sein.

Als er ihr gegenübersteht, ist es um ihn geschehen. Ludwig verliebt sich in Eleonore, wie einige Männer vor und Tausende nach ihm. Keine andere Frau dieser Epoche wurde mehr besungen, keine bewegte das Schicksal des mittelalterlichen Europa so sehr wie die schöne Eleonore von Aquitanien.

Schon als junge Mädchen ist sich Eleonore ihrer Qualitäten bewusst: Sie ist attraktiv, und sie ist klug. Bildung spielt in Aquitanien eine große Rolle, Troubadoure dichten in der *langue d'oc*, dem okzitanischen Dialekt, höfische Kultiviertheit regiert.

Herzogin Eleonore herrscht erst seit kurzem über Aquitanien. Ihr Vater starb auf einer Pilgerfahrt. Noch während die Hochzeit gefeiert wird, erreicht eine Nachricht aus Paris die Gesellschaft: Ludwig VI. ist gestorben. Der König ist tot, es lebe der König. Der 16-jährige Ludwig VII. und seine frisch angetraute Frau ziehen als Regentenpaar nach Paris.

Was Eleonore sich auch unter dem Hof der Hauptstadt vorgestellt haben mag, die Wirklichkeit ist schlimmer. Paris ist schmutzig, unwirtlich, arm, der Palast ein dunkles, muffiges Gemäuer ohne die Eleganz, die sie aus dem Süden gewohnt ist. Die Situation ist deprimierend, aber Eleonore lässt sich nicht deprimieren. Die Königin bringt Stil nach Paris: Aus dem Süden lässt sie Teppich- und Seidenhändler kommen, baut die Räume des Palastes um, führt duftende Öllampen statt rußiger Kerzen ein. Das Geld gibt sie mit vollen Händen aus, aber bezahlt aus ihrem Erbteil. Troubadoure aus ihrer Heimat verbreiten Benimm und Etiquette. Wo Eleonore regiert, wird nicht mehr gefressen und gesoffen, sondern gespeist und getrunken. Damen werden nicht mehr begrapscht, sondern umworben und besungen. Die Höflichkeit hält Einzug am Hof.

Ludwig VII. lässt alles geschehen, Eleonore wickelt den König um den Finger, seine früheren geistlichen Berater schickt er in die Wüste, hört nur auf ihren Rat. Verstrickt sich in Kämpfe gegen jeden, der die Königin tatsächlich oder nur gerüchteweise beleidigt. So sehr, dass keine Zeit bleibt, eine Politik für Frankreich zu entwickeln, geschweige denn umzusetzen.

Und Eleonore, nun Anfang 20, langweilt sich. Je mehr Ludwig versucht, ihr zu gefallen, umso mehr verliert sie die Lust an ihm – was auch daran liegt, dass er in dieser Hinsicht ihren Ansprüchen bei weitem nicht genügt. „Ich habe einen Mönch geheiratet, keinen Mann“, wird Eleonore zitiert. Und sie vergnügt sich mit dem männlichen Hofstaat.

Ein Thronerbe kommt und kommt nicht in Sicht, und erst als sie und Ludwig auf Rat der Kirche hin den zweiten Kreuzzug planen, wird Eleonore schwanger und bringt 1147 eine Tochter zur Welt. Kaum dass die Prinzessin Marie geboren ist, verlässt Eleonore in weißem Lederanzug und mit goldenen Stiefeln hoch zu Ross Paris und bricht mit Ludwig zu einem Kreuzzug auf, der als völliger Fehlschlag in die Geschichte eingehen wird.

Man kommt nur schwerfällig voran, denn die Königin reist mit großem Gepäck: verschiedene Zelte für alle Wetter, leichte Schleier für warme Tage und schwere Pelze für kalte Winde. Waschbecken werden bei jedem Stopp auf- und wieder abgebaut, an Kirchen und Klöstern muss der Tross halten, damit Eleonore dort Büßerasche auf ihr Haupt streuen kann. Die Stimmung ist gereizt, der Zeitplan längst überschritten.

Beim Halt in Antiochia (heute Südtürkei) ist die Beziehung zwischen Eleonore und Ludwig endgültig zerrüttet. Zum einen regiert dort Eleonores Onkel Raimund, der mit der Nichte im für Ludwig unverständlichen Okzitanisch flirtet, zum zweiten hat Eleonore erkannt, dass der erneut vom religiösen Enthusiasmus beseelte Ludwig ihr intellektuell ebenso wenig gewachsen ist, wie er sie als Mann interessiert. Und daraus macht sie keinen Hehl. Liaisons mit etlichen Rittern sind überliefert, eine Affäre mit ihrem Onkel ist wahrscheinlich.

Vor der versammelten Kreuzzugsmannschaft stellt Eleonore den König bloß. Ludwig ordnet die Abreise an, Eleonore wehrt sich, er pocht auf seine ehelichen Rechte, und sie spricht aus, was sie sich für diesen Fall schon lange im Kopf zurechtgelegt hat. Er, Ludwig, solle erst einmal überlegen, ob er überhaupt ihr Ehemann sei. Schließlich existiere zwischen ihnen eine Verwandtschaft im neunten Grad, und damit sei die Ehe nach kanonischem Recht nicht gültig. Eleonore will die Scheidung. Dass sie schon in Antiochia ihre Zukunft neu entworfen hat, ist unwahrscheinlich; aber sie hat die Ehe mit Ludwig satt, und er kann und will sie nicht halten.

Zurück in Frankreich wird das Paar Anfang 1152 geschieden. Und zu diesem Zeitpunkt hat Eleonore sehr wohl schon ein klares Bild davon, wie ihr neues Leben aussehen soll. Und wie ihr neuer Mann aussehen soll: rothaarig, grauäugig und hünenhaft groß.

Heinrich Plantagenet, Herzog der Normandie, kommt schon im Jahr vor der Scheidung an den Pariser Hof: ein Mann, der von sich Reden macht, vor allem unter Frauen. Ein 18-jähriger Athlet, der alle Sprachen zwischen dem Atlantik und dem Jordan spricht. Ein Draufgänger bei Turnieren, ein begnadeter Redner bei Diskussionen am Hof. Er hat Witz, Charme, Intellekt und eine große Zukunft: England ist seit dem Sieg bei Hastings 1066 quasi eine Kolonie der Normandie. Dass Englands Krone an Heinrich fallen wird, ist nur eine Frage der Zeit.

Die Idee, ein Reich zu schaffen, dass vom Norden Englands bis zu den Pyrenäen reicht, fasziniert Eleonore. Sie ist 29, knapp elf Jahre älter als Heinrich, aber schöner denn je. Aus der Luxusprinzessin ist eine kluge, kalkulierende Staatsfrau geworden. Heinrich dagegen ist reif für seine 18 Jahre, kann abschätzen, was eine Verbindung mit Eleonore bedeutet. Aquitanien, die Normandie und England ergeben zusammen das größte Reich Europas.

Im Mai 1152 heiratet das Paar, nur zwei Jahre später fällt Englands Krone an Heinrich Plantagenet, genannt Heinrich II.. Eleonore, Herzogin von Aquitanien, einst Königin von Frankreich, trägt jetzt die Krone Englands.

Die nächsten zehn Jahre sind eine europäische Erfolgsgeschichte. Eleonore und Heinrich sind das perfekte Team, gemeinsam oder allein sprechen sie Recht in Poitiers und Angers, bringen Reformen in Gang in

MERIAN | INFO Troubadoure

Die Königin und der Troubadour: Eleonore liebte die Lyrik

Der Troubadour war der – oft adelige – Dichter des hohen Mittelalters. Er übte die *art de trobar*, die „Kunst des Findens“ der richtigen Worte. Von 1090 bis 1290 währte die große Zeit der galanten höfischen Kunst. Wilhelm IX., Großvater der Eleonore von Aquitanien, gehört zu den ersten Troubadouren. Um 1100 schrieb er sowohl freizügig-anzügliche Verse als auch Minne-Dichtung. Die Lyrik der Troubadoure folgte stets demselben Muster: Der ledige Dichter verehrte eine verheiratete, weit über ihm stehende Dame – meist die Gattin seines Herrn. Er pries die Angebetete mit Gedichten und stellte sich in ihren Dienst. Die Verse behandelten oft auch moralische Themen, denn der höfische Liebesdienst strebte allgemein nach einer Verfeinerung der Sitten. Gedichtet wurde in der *langue d'oc* des früheren Okzitanien, Zentren der Troubadour-Lyrik lagen im westlichen und mittleren Südfrankreich, von den Grafschaften Poitou und Toulouse über das Herzogtum Aquitanien bis in die heutige Provence. Von dort verbreitete sich die Kunst bis nach Deutschland und inspirierte den Minnesang.

Im Südwesten Frankreichs ist die Tradition der Troubadoure noch lebendig: Bei den *jours de la félibrée* wird jedes Jahr im Sommer in wechselnden Orten die okzitanische Kultur bei Ritterspielen und mittelalterlichen Festtafeln gefeiert. Termine teilen die Fremdenverkehrsämter mit.

Ein mittelalterlicher Stich erzählt von Eleonores Hochzeit mit Ludwig VII. und ihrem Kreuzzug ins Heilige Land

„Meine Herrin hat,
so meine ich,
lachend graue Augen,
dunkle Augenbrauen,
Haar, das schöner ist
als Gold, (...)
Farben wie Rosen und Lilien,
einen lieblich roten Mund (...)
sie ist liebenswürdig,
freundlich und heiter,
so hat sie unser Herrgott
geschaffen"

Raoul von Soissons, um 1150

Salisbury, Winchester und Oxford. Eleonore fördert die Kultur und die Dichtung und sorgt dafür, dass ungehobelte Krieger zu galanten Rittern werden, die es gut beherrschen, „zu den Damen höflich von der Liebe zu sprechen".

Fünf Söhne und drei Töchter bringt Eleonore zwischen 1153 und 1166 zur Welt. Heinrich reist indessen von Residenz zu Residenz, lässt sich auf unerwarteten Inspektionsreisen Steuerrollen vorlegen und hält den Hof in Alarmbereitschaft, weil niemand voraussehen kann, wann und wohin er zur nächsten Reise aufbrechen wird. Der König schläft wenig, und wenn er ruht, dann teilen nicht selten die schönsten Mädchen des Reiches seine Gemächer.

Eleonore hält still. Erst als Heinrich die viel besungene Rosamunde Clifford zur Dauermätresse erhebt, reißt der Königin die Geduld. Sie ist 45 Jahre alt, mit dem jüngsten Sohn schwanger und verlässt Heinrich und England, um in der Heimat auf Rache zu sinnen.

Verhärmt und verbittert ist die Königin nicht. Ihre Residenz in Poitiers macht sie zum *cour brillant* des Mittelalters. Ein Hof mit offenen Toren für Dichter und Denker, an dem berühmte Troubadoure ein- und ausgehen. Eleonore holt ihre Kinder zu sich. Besonders Richard Löwenherz, der drittälteste Sohn, ist ein begabter Troubadour und der Liebling seiner Mutter. Während Heinrich II. sich mit Rosamunde tröstet und sein Volk immer tyrannischer regiert, knüpft Eleonore mit staatsmännischem Geschick Bande zwischen Herzogtümern, Grafschaften, Königreichen. Selbst mit ihrem Ex-Mann Ludwig, den sie fast 15 Jahre lang gemeinsam mit Heinrich in den politischen Ruin getrieben hat, versöhnt sie sich. Sie taktiert, paktiert und perfektioniert, was ihr schon immer lag: machtpolitisches Ränkeschmieden. Ihre Kinder stachelt sie gegen Heinrich II. auf, so sehr, dass sich die Söhne gegen den Vater erheben.

Heinrichs Macht bröckelt, sein Sohn wird in einigen Fürstentümern schon zum neuen Regenten ausgerufen, als der König doch noch zum Gegenschlag ausholt. Mit 20 000 Söldnern kämpft er die Rebellion nieder. Eleonore, in Männerkleidern auf der Flucht, wird durch Zufall von seinen Truppen gefasst. Sie ist 53 Jahre alt, als sie erhobenen Hauptes in den Kerker geht, eingesperrt vom eigenen Mann.

Die nächsten 14 Jahre verbringt sie als Gefangene, abgeschottet in Winchester Castle, im Turm von Salisbury, in Berkshire und Nottinghamshire. Nach menschlichem Ermessen hat ihr das Leben nichts mehr zu bieten. Sie hat schon jetzt länger gelebt als die meisten Menschen ihrer Zeit, dennoch entwirft Eleonore neue Reformvorhaben, die spärlichen Besuche ihrer Kinder halten sie aufrecht.

Kurz nachdem Heinrich II. am 6. Juli 1189 einsam und verbittert starb, befreit Eleonore sich selbst, noch bevor sie offiziell entlassen werden kann. Eben noch eine Gefangene, wird sie mit 67 Jahren wieder zur Königin. Sie zieht von Stadt zu Stadt, von Burg zu Burg, spricht Recht und versucht die Fehler wieder gutzumachen, die der despotische Heinrich in den letzten Jahren seiner Herrschaft angehäuft hat. Geistig wie körperlich ist sie in Hochform, ihr wohlgeflochtener Zopf ist weiß, nicht mehr blond.

Richard Löwenherz, durch den Tod seiner älteren Brüder Nachfolger auf Heinrichs Thron, überlässt seiner Mutter das Regieren und gibt sich draufgängerischen Abenteuern hin. Während er zum dritten Kreuzzug aufbricht, sorgt sie für neue Gesetze und führt in England eine einheitliche Währung ein. Einzig, dass der König, der sich zu Männern hingezogen fühlt, dem Reich keinen Thronerben schenkt, lässt Eleonore keine Ruhe. Mit knapp 70 Jahren reitet sie deshalb über die Pyrenäen und arrangiert die Heirat ihres Sohnes mit der Prinzessin Berengaria von Navarra. Die Ehe währt nicht lang, 1199 wird Richard durch einen verirrten Pfeil in die Schulter getötet, eher ein Missgeschick als eine heldenhafter Tod.

Eleonore ist allein, 77 Jahre alt. Sie hat ihre zwei Männer überlebt und fast alle ihre Kinder. Nur eine Tochter lebt noch und der jüngste Sohn, Johann-ohne-Land, untersetzt, neidisch und zum Staatsmann nicht geboren. Dennoch hebt ihn Eleonore auf den Thron, reitet vier Jahre lang über Land, um die gröbsten Scharten seiner Regentschaft auszuwetzen.

Als sie im März 1204 ihr Lieblingskloster, die Abtei von Fontevraud im Tal der Loire, besucht, ist sie 82 Jahre alt und hat doppelt so lange gelebt wie die meisten ihrer Zeitgenossen. Die stärkste Frau des Mittelalters schläft ein und öffnet die Augen nie wieder. Manche Historiker glauben, sie sei aus Verzweiflung über Johanns Regentschaft gestorben, doch Verzweiflung hätte nicht zu ihrem Leben gepasst. □

Kathrin Sander, *Redakteurin dieses Heftes, war bei der Recherche von der diplomatischen Raffinesse mittelalterlicher Politik mindestens so beeindruckt wie von der Persönlichkeit Eleonores.*

Heinrich II. einte Westfrankreich und England zum angevinischen Großreich

HEUER & SACHSE

Foto: Christoph Otto

Aktivurlaub muss nicht anstrengend sein. Versuchen Sie es mal mit dem Genuss frischer Austern, einem Gleitflug über dem Ozean oder der Schachpartie mit einem Großmeister. Sie werden das Nichtstun nicht vermissen

Ein Tag am Meer…

Ausflug ins Blaue: Die Dune du Pilat ist ein ideales Trainingsgebiet für Paraglider. Selbst Laien lernen hier spielend, am Himmel über dem Atlantik zu gleiten

... auf der Düne von Pilat

Madame Ducretot hat das wohl größte Büro der Welt. Die zierliche 38-Jährige mit den blonden Locken arbeitet gut 100 Meter über dem Meeresspiegel, und der glitzert – welch beneidenswerter Luxus – in Form des Atlantischen Ozeans direkt vor ihren Augen. Das Büro kennt weder Wände noch Teppiche – dennoch umschmeichelt erlesene Auslegware die Füße der Kundschaft: feinster, warmer, weißer Sand, wohin das Auge reicht.

Der größte Sandberg Europas, die Düne von Pilat in der Nähe des Badeortes Arcachon, ist für Heather Ducretots Geschäft natürlich nicht nur Büro, sondern vor allem Ort ihrer Dienstleistung: Die Düne gibt die einzigartigen Bedingungen vor, die man braucht, um an einem zumeist knallbunten Gleitschirm aus Segeltuch abzuheben und zu fliegen. Paragliding heißt diese Sportart, die auszuüben normalerweise nur im Gebirge möglich ist. Und Madame Ducretot betreibt die École Pyla Parapente, die einzige Paragliding-Schule am Ort.

Ihre Kunden kommen aus aller Herren Länder und ihr Weg ist beschwerlich. Zumindest auf den letzten hundert Metern. Die geht es nämlich steil bergauf, und der weiche Sand lässt nicht nur den Gleitschirm-Fan mit jedem Schritt nach oben ein entnervendes Stückchen nach unten rutschen. Dennoch müssen wir uns Paraglider als glückliche Menschen vorstellen, denn: Einmal oben angekommen und am Schirm vergurtet, sei es als Könner des Einzelflugs oder als Anfänger und damit lebender Ballast beim Tandemflug für 65 Euro, einmal also die Strapazen des Sisyphos'schen Aufstiegs überwunden, wird aus Sisyphos schnell ein Ikarus. Und der schwebt nach kurzem Anlauf und vorzugsweise westlichen Winden in die blaue Unendlichkeit, die Meer und Himmel hier einträchtig jeden Sommertag aufs Neue entwerfen. Wann Madame Ducretot und ihre Schüler dann wieder mit beiden Füßen auf dem sandigen Boden stehen, entscheidet der Wind. Stimmt die Thermik, kurvt der Paraglider mehrere Stunden durch die Lüfte. Gefährlich wird es nur für den, der sich – auch Ikarus gleich – überschätzt und zu hoch fliegt: 1997 kollidierte ein deutscher Paraglider mit einer Mirage.

Thorsten Kolle

PARAGLIDING-SCHULE

École Pyla Parapente
Heather Ducretot
Rte. de Biscarrosse
33115 Pyla-sur-Mer
Tel. 05 56 22 15 02 oder
Tel. 06 82 10 06 78 (mobil)

Ein Tag …

… bei den Austernzüchtern

Vom Züchter serviert: Austern am Bassin d'Arcachon

In der *cabane No 166,* der Holzhütte am kleinen Hafen von La Teste de Buch, stapelt sich lebendiger Luxus: Austern, frisch angelandet mit einer alten Kiefernholz-Pinasse von den Austernbänken im Bassin d'Arcachon. Flink sortiert die Züchterin Angelika Hermann die Ernte nach Größe und verpackt je acht Dutzend der kostbaren Schalentiere in Holzkisten. Der Kunde wartet schon; in diesem Fall ein Koch aus Biscarrosse, der vier Kisten in seinen Kombi verlädt, einen Preis von 3,40 Euro pro Dutzend entrichtet und glücklich davonbraust.

Ein Preis, der deutschen Austernliebhabern den Mund wässrig macht – wird zu Hause doch mindestens das Fünffache bezahlt, für Austern, die längst nicht so frisch sind wie in den *cabanes*. Nicht nur Großkunden decken sich hier ein. Viele Einheimische und Touristen kaufen hier für den Eigenbedarf oder lassen sich die Delikatesse gleich an der Hütte von Madame Hermann servieren. Wer Austern nicht nur genießen, sondern auch etwas über sie lernen möchte, dem erzählt Angelika Hermann, dass es vom Laichen bis zum Verzehr mindestens drei Jahre braucht. In Frankreich finden die Austern nur an der Atlantikküste bei Arcachon und rund um die Île d'Oléron die richtige Wassertemperatur (21 bis 25 Grad Celsius), die optimale Mischung aus Salz- und Süßwasser und das entsprechende Spiel der Gezeiten, um sich fortpflanzen zu können. Nachdem sich im tiefen Wasser aus befruchteten Eiern Larven gebildet haben, senken die Austernzüchter halbkreisförmige Dachziegel, so genannte Kollektoren, die durch eine Holzverschalung zusammengehalten werden, ins Wasser. An den Ziegeln setzen sich die Larven fest und entwickeln sich zu Saataustern.

Nach rund sechs Monaten werden die Ziegel mit den jungen Austern aus dem Wasser geholt. Mit einer Schälmaschine – früher von Hand mit Messern – trennt der Züchter die Austern von den Kollektoren. Diese kleinen, ein bis vier Zentimeter langen Muscheln werden entweder exportiert (in die Bretagne, die Normandie, nach Spanien oder Irland), um auf den dortigen Austernbänken weiter zu wachsen oder sie werden in korbartigen Plastiknetzen in die heimischen Austernparks des Bassin d'Arcachon umgesiedelt. Bis zur Ernte werden die Körbe regelmäßig gewendet und die Austern umgepackt. Hierbei können auch Laien helfen. Einige Austernfischer bieten neben Verkauf und Verkostung an der Hütte auch Fahrten zu den Austernbänken an.

Thorsten Kolle

AUSTERNZUCHT

Angelika Hermann
33260 La Teste de Buch
Digue ouest, Cabane 166,
Av. Ovide Rousset,
(spricht Deutsch, Französisch und Englisch)
Tel. 05 57 52 63 60

Informationen und Angebote zur Austernzucht:
Association Route de l'Huître et du Patrimoine Maritime du Bassin d'Arcachon, 41 Blvd. de la plage, 33510 Andernos,
Tel. 06 75 01 18 30

Harte Arbeit für feine Kost: Austernfischer vor der Île d'Oléron

... auf dem Pelota-Platz

Echte *pelotari* behalten ihre Hände in den Hosentaschen, heißt es. Aber Laurent Sempé, der Pelota-Trainer, reicht seinen Schülern die Hand. Sie ist angeschwollen, vernarbt, die Finger krumm, die Haut rau. Er grinst, als er den Blick bemerkt und hält beide Hände hoch: „Ich habe zwölf Jahre lang *main nue* gespielt – mit der Hand. Das hinterlässt Spuren."

Die *pelote,* der kleine Ball aus Holz, Latex, Wolle und Leder, wiegt zwar nur 125 Gramm, ist aber steinhart. Das Spiel mit der bloßen Hand gilt deshalb als härteste Pelota-Version, die nur im Baskenland überlebt hat: In den 32 anderen Ländern der Welt, in denen Pelota gespielt wird, verwendet man Schläger oder Wurfhandschuhe. Es gibt unterschiedlich große Spielfelder, variable Mannschaftsgrößen, mehrere Bälle – insgesamt 22 reglementierte Varianten. Am bekanntesten ist Cesta Punta, in den USA bekannt als Jaï Alaï. Dabei wird der Ball mit der *chistera*, dem riesigen Weidenhandschuh, aus 30 Metern Entfernung gegen die Wand geschleudert und fliegt dabei bis zu 300 Stundenkilometer schnell.

Am einfachsten ist Pelota mit Squash zu vergleichen: Der Ball wird gegen die Wand gespielt, muss einmal auftippen und wieder zurück an die Wand geschlagen werden. Je nach Ballgefühl ist es mehr oder weniger schnell erlernbar. Sempé unterrichtet Pelota mit dem *paleton*, einer Art Tischtennisschläger aus Holz, oder *main nue*.

Pelota-Profis: Nur Könner spielen mit dem Weidenhandschuh

Nach dem ersten Warmspielen mit der bloßen Hand wollen die meisten Schüler lieber einen Schläger. Eine der wichtigsten Regeln: Jeder Schlag muss angekündigt werden: „Jo", baskisch für „ich schlage", ruft Laurent, und knallt die Pelote gegen die Mauer. Einer der Schüler hechtet hinterher, erreicht den Ball mit Müh und Not, schlägt zurück, vergisst aber „jo" zu rufen – ein Minuspunkt für den „Fair-Play-Preis", der nach jedem Spiel vergeben wird. Dies ist der einzige Cup, den die laienhaften Touristen je erringen können. Gegen die Einheimischen haben sie beim Baskenball keine Chance.

Anja Haegele

PELOTA-KURSE

Kurse für Einzelne und Gruppen, im Freien oder in der Halle: Fédération Française de Pelote Basque, 60, Avenue Dubrocq, 64100 Bayonne Tel. 05 59 59 22 34

Oder direkte Anmeldung bei Laurent Sempé: Tel. 06 32 84 00 69 Einzeltraining, ca. 2-3 Stunden, 23 €. Bei mehreren Schülern 11 € pro Person

Ein Tag …

Strategie statt Strand: Echte Schachfans verbringen ihre Ferien am Brett

… mit Schachspiel und Zelt

Olivier Betton, 19 Jahre alt, verbringt seit acht Jahren seine Sommerferien immer auf demselben Campingplatz am Atlantik. Heute geht er zum ersten Mal an den Strand. Das hat er zuvor nie geschafft, obwohl der Ozean keine zehn Kilometer entfernt und die Strände riesengroß und wunderschön sind. Olivier hatte bislang einfach Wichtigeres zu tun: Er spielte lieber Schach. Und für Schachspieler ist der Campingplatz „La Rochade" in dem Örtchen Naujac-sur-Mer so etwas wie Lourdes für Katholiken.

Seit 1994 gibt es diesen Zeltplatz der etwas anderen Art. Für den Neuankömmling sieht erst einmal alles so aus wie auf jedem der unzähligen Campingplätze zwischen La Rochelle und Biarritz: Wohnwagen, Autos und Wohnmobile. Zelte, Waschhäuser, Swimmingpool, Beach-Volleyballfeld. Es ist August und glühend heiß, Schattenplätze sind begehrt wie Boygroups im Mädcheninternat.

Wer die Hitze nicht mehr aushält, macht sich – wie Olivier – auf den Weg zum Strand. Aber einige Urlauber scheinen resistent gegenüber solch profanen Freuden. Sie sind angereist, weil auf „La Rochade" von Mitte Juni bis Ende August ein einmaliges Schachprogramm geboten wird: tägliche Turniere, Simultanwettkämpfe und Seminare, gehalten von Schach-Großmeistern und Spitzentrainern.

„Wir spielen beide Schach, sind internationale Meister und mit der Schachszene unser ganzes Leben verbunden – klar, dass Schach bei uns eine große Rolle spielt", erklärt Rike Armas, 41, aus Bremerhaven, die mit Ehemann Jules, 48, den Platz betreibt. Jedes Jahr lotsen die beiden die Schach-Prominenz zum Vorspielen nach „La Rochade".

Im durchgehend geöffneten Schachlokal, einem Blockhaus im Zentrum des Platzes, sitzen die Schachfans vor Brett und Figuren und lauschen konzentriert den Ausführungen von Großmeister Olivier Renet, der sie in die Geheimnisse der Turmendspiele einweiht. Abends, beim Blitz-Turnier, wird das Erlernte im Wettkampf erprobt.

Da ist dann auch Olivier wieder dabei, der in diesem Jahr zum ersten Mal deshalb an den Strand geht, weil er seine Freundin mit nach La Rochade gebracht hat, und die spielt kein Schach, die badet lieber. *Thorsten Kolle*

CAMPING LA ROCHADE

Route de St.-Isidore
33990 Naujac-sur-Mer
Tel. 05 56 73 02 94
http://campinglarochade.free.fr

… im Vogelparadies von Le Teich

Der Fischadler kreist hoch am Himmel. Die schneeweiße Silhouette des Seidenreihers spiegelt sich im brackigen Wasser. Eine Zwergdommel stakst langbeinig durchs Schilf. Kormorane sitzen auf den bleichen Ästen eines ertrunkenen Waldes und spreizen ihre Schwingen im Sonnenlicht – wie Urvögel sehen sie aus. Im Hintergrund klappern Weißstörche, die eine stattliche Brutkolonie in den Kiefernwipfeln gegründet haben.

Le Teich ist ein Paradies für Vögel und für deren Fans. Für jene stille Spezies Naturfreund, die mit Feldstecher bewaffnet im Frühtau durchs Gelände pirscht, geht im Parc Ornithologique du Teich ein Traum in Erfüllung: 260 Vogelarten sind zu entdecken, 80 davon brüten hier.

Ein sechs Kilometer langer Pfad führt durch das amphibische Land zwischen Leyre-Delta und dem Bassin d'Arcachon. Mehr als ein Dutzend hölzerne Beobachtungsposten dienen den Birdwatchern als Logenplätze, bunkerartige Unterstände mit Sehschlitz und Ellenbogenstütze, für den ruhigen Blick durchs Fernglas. Das Konzept hat sich weltweit beim Schutz sensibler Reservate bewährt: die Besucher nicht aussperren, sondern gezielt lenken – zu interessanten Plätzen, aber weiträumig an den Ruhe- und Rückzugszonen seltener Tiere vorbei. Auf Stegen und Dammwegen geht es bis an den Rand der Lagune, durch Schilf und Weidendickicht, durch Birkenwälder, Marschland und Auen. Besonders spektakulär ist die Fauna des Schutzgebietes im Frühjahr und Herbst: Le Teich liegt auf einer der wichtigsten Zugrouten zwischen Afrika und der Arktis – abertausende Vögel schweben dann zur wohlverdienten Rast hier ein. ☐ *Fred Langer*

PARC ORNITHOLOGIQUE DU TEICH

Maison de la Nature Tel. 05 56 22 80 93 Fax 05 56 22 69 43 www.parc-ornithologique-du-teich.com. Die Anfahrt zum Reservat ist gut ausgeschildert. Der Park ist ganzjährig geöffnet, von 10 bis 18 Uhr im Winter, im Sommer bis 20 Uhr. Eintritt: 6,20 €. Gruppen übernachten in einer komfortablen Lodge. Die Parkverwaltung organisiert Rundgänge, geführte Bootstouren oder Wochenendexkursionen im Seekajak

Den Schnabel voll: Graureiher im Vogelpark von Le Teich

ClubFrance Maison de la France
CLUB FRANCE
GROSSE FERIEN FÜR KLEINE PREISE.
Die Club-France-Karte bietet Vergünstigungen bei Hotels, Restaurants, Veranstaltungen und vieles mehr.
Ausführliche Infos und wie man sie bekommt auf www.franceguide.com/de
france. c'est fantastique.
Maison de la FRANCE
franceguide.com

Tatort La Rochelle

Georges Simenon hat La Rochelle geliebt. Er entdeckte die alte Hafenstadt als ideale Kulisse. Für seine Romane wie für sein eigenes Leben

Text: Gerd Kröncke

„Meine zweite Heimat" nannte Simenon La Rochelle. Er genoss die Dämmerung über den Türmen am alten Hafen, seine Besuche im „Café de la Paix", die Stimmung unter den Arkaden der Altstadt

Eigentlich müsste man nach La Rochelle kommen wie die Segler. „Ich habe La Rochelle vom Meer aus entdeckt", hat Georges Simenon einmal erzählt. Das ist gewiss lange her, Anfang der dreißiger Jahre, Georges Sim, wie sich der Belgier anfangs nannte, hatte Paris erstmals hinter sich gelassen und war im Begriff, der berühmte Simenon zu werden. Er hatte seine ersten Erfolge erlebt und sich jenen Lebensstil zugelegt, den er zeitlebens beibehalten sollte. Er verdiente viel und gab viel aus. „Wenn wir uns eines Tages irgendwo niederlassen", sagte Simenon zu seiner Frau, als sie in den Hafen einfuhren, „dann wird das hier sein". Auf den beiden Türmen, Tour Saint Nicolas und Tour de la Chaîne, die den Hafen bewachen, habe ein unglaubliches Licht gelegen.

Simenon hat sich nirgendwo lange niedergelassen, er war ein Mann, der keine Wurzeln schlug. Auch seine Protagonisten kommen oft vom Meer, wie der Sohn Cardinaud (*Le fils Cardinaud*) oder wie die Fischer aus Flandern, die vor dem Weltkrieg geflohen sind und in La Rochelle Schutz gefunden haben. Kein anderer Ort hat Simenon so beeindruckt, kein anderer, ausgenommen Paris natürlich, ist so oft Schauplatz seiner Romane geworden. 15 von ihnen spielen in La Rochelle. Einige mehr noch hat er dort geschrieben, zum Beispiel jene 13, die er in einem Jahr auf seinem Herrensitz La Richardière geschaffen hat.

Das geräumige alte Haus, dem ein Turm etwas Spielerisches gibt, war das Erste, was Simenon sich fern von Paris leistete. Es liegt außerhalb von La Rochelle in dem Dorf Marsilly, und Simenon legte von Anfang an eine gewisse Distanz zwischen sich und die Leute vom Lande. Sie haben es dem Schriftsteller nicht übel genommen, dass er ein wenig exzentrisch war. Nur als er sich von einer Türkei-Reise ein paar Wolfswelpen mitgebracht hatte, kam es, ohne dass man bitter wurde, zu so starken Protesten, dass er sie wieder abschaffen musste.

Seine Zeit in La Richardière dauerte nur zwei, drei Jahre. Bei einem späteren Aufenthalt in La Rochelle, nahe am Wasser, in der ruhigen Wohnstraße Rue Jeanne d'Albret, hat er in einem Jahr die kaum glaubliche Menge von 40 Novellen erdacht. Die Gemeinde war Simenon nach seinem Tod so dankbar, dass sie einer Hafenstraße den Namen Quai Georges Simenon gab.

Man sollte durch La Rochelle an einem frühen Sonntagmorgen schlendern, um das Gefühl zu genießen, Stadt und Hafen für sich allein zu haben. Wenn man sich darauf einlässt, könnte der, der einem gerade über den Weg läuft, eine Simenon-Figur sein. La Rochelle ist eine jener Städte, die Menschen anziehen, die einen Grund finden, hierher zu kommen. Sie sind weniger Touristen als Reisende. Man könnte zum Beispiel am Hafen einem jungen Mann mit leichtem Gepäck begegnen, um den herum sich eine Geschichte spinnen ließe. In „Ankunft Allerheiligen" (*Le voyageur de la Toussaint*) geht es um einen Jungen, der als blinder Passagier an Land geht, ohne Geld in der Tasche. Mit einem alten Koffer kehrt er in die fast unbekannte Heimat zurück und wird hineingesogen in einen Wust bedrohlicher Andeutungen. Wie sie sich entwickeln, haben Simenons Handlungen stets etwas beiläufig Selbstverständliches. Die Geschehnisse entstehen aus einer Atmosphäre scheinbarer Ruhe, plötzlich tun sich schreckliche Szenen auf, deren Zustandekommen man zunächst gar nicht bemerkt hat.

Die Geschichte von dem kleinen Schneider und dem angesehenen Hutmacher, dem Außenseiter und dem Mörder, ist so eine. Man ist sofort dabei, aber das meiste spielt sich im Kopf ab. „Man schrieb den 3. Dezember und es regnete immer noch", fängt jene Geschichte aus La Rochelle an, von der Claude Chabrol sagt, es passiere gar nichts in ihr. Trotzdem hat er „Die Fantome des Hutmachers" meisterlich verfilmt. Simenon beschreibt mit wenigen Worten die Rue de Minage und ohne dass er es ausgesprochen hätte, ahnt man das Kopfsteinpflaster: „Es war eine Straße mit Arkaden, wie die meisten der alten Straßen von La Rochelle. Es regnete, aber eben nicht auf den Trottoirs. Diese waren wie kalte feuchte Tunnel, in denen es außer von ganz von Ferne kein Licht gab." Hier sind der Hutmacher und der Schneider zu Hause, und um die Ecke liegt das „Café de la Paix", in dem die zwei, der Mörder und sein Entdecker, verkehren. Dieses Café, das bei Simenon als „Café des Colonnes" vorkommt, hat sein großartiges Interieur nicht geändert, seit Simenon hier verkehrte und war schon vorher jahrzehntelang so, wie er es vorgefunden hat.

Simenon war ein unsteter Mensch, aber La Rochelle hat er geliebt. Und das „Café de la Paix". Dem Wirt, seinem Freund, hat er bei seiner einzigen Rückkehr in den sechziger Jahren in Erinnerung an gemeinsame Tage ins Gästebuch geschrieben: „Dies war die glücklichste Zeit meines Lebens." Später, da war er längst selbst eine Legende, hat er einmal dem Bürgermeister nach einem Wiedersehen mit der Stadt ein Dankestelegramm für den Empfang geschickt. „La Rochelle ist meine zweite Heimat; vielleicht die Stadt, in der ich am längsten von allen gelebt habe". Simenon hat in seinen Büchern immer eine versunkene Nostalgie beschworen, von der er tat, als beschreibe er eine Gegenwart.

Die nähere Vergangenheit La Rochelles hat mit einem Bürgermeister zu tun, Michel Crépeau, der die Stadt fast 30 Jahre lang regiert hat, ein radikaler Sozialist. Diesem Bürgermeister, 1999 gestorben, verdankt die Stadt, dass sie geblieben ist, was sie war. Was La Rochelles Unterschied zu anderen Städten unterstreicht: der Segelhafen, das Aquarium, das Meeresmuseum, all diese Attraktionen sind ursprünglich für die Rochellais entstanden und erst in zweiter Linie für die Gäste. Nach La Rochelle führt keine Autobahn, man hat den Ozean vor der Tür. Ein TGV-Anschluss muss reichen, um eine gewisse Nähe nach Paris und dem Binnenland zu sichern.

Simenon hat sich, wie sein Kommissar Maigret, immer herausgehalten aus der Politik, aber bei beiden dürfte es sich um aufgeklärte Liberale gehandelt haben. Maigret ein bisschen rechts von der Mitte, Simenon ein ausgesprochener Freigeist. Als Reporter hatte Simenon (etwa bei seinem berühmten Interview mit Leo Trotzki) gern der Weltgeschichte nachgespürt, doch ist er einmal gegen seinen Willen von ihr eingeholt worden. Er hatte – das war 1940, als der Krieg ausbrach – nach Belgien zurückkehren wollen, um seinem König und dem Vaterland als Soldat zu dienen. Indes ersuchte der Botschafter in Paris den Patrioten Simenon, in La Rochelle zu bleiben.

Als „Hochkommissar für belgische Flüchtlinge in der Charente" kümmerte sich Simenon um seine vom Krieg überraschten Landsleute. Vor dem Bahnhof von La Rochelle waren einige notdürftige Baracken aufgebaut, von denen aus die versprengten Belgier in die Umgebung verteilt wurden. Später zog sich Simenon in die Vendée zurück, weil er sich dort sicherer fühlte als in La Rochelle, aber er hielt sich, bis die Befreier kamen, durchaus bedeckt. Seine Rolle blieb ein wenig zwielichtig, er lebte weiter auf großem Fuße, verdiente auch unter der Okkupation viel Geld. Fast gelang es ihm, den Krieg zu ignorieren.

La Rochelle wurde zur Erinnerung. Sein Auftreten hier ist heute kaum noch denkbar: In der alten Hafenstadt hatte Simenon gern den skurrilen Nichtstuer gespielt. Er gab den exzentrischen *gentilhomme*, liebte es mit seiner einspännigen Kutsche, einem zweirädrigen eleganten Tilbury, nach La Rochelle einzufahren. Dann hielt er an der Place d'Armes, die heute Place de Verdun heißt. Draußen an den Arkaden hatte der Wirt einen Ring angebracht, durch den Simenon die Zügel seines Pferdes schlingen konnte. Zu Simenons 100. Geburtstag 2003 ist ein neuer Ring eingelassen worden. Aber es gibt niemanden, der im Tilbury vorfahren würde. Nicht einmal an einem stillen Sonntagmorgen. □

Gerd Kröncke, *Jahrgang 1943, ist Frankreich-Korrespondent der* Süddeutschen Zeitung *mit einer Schwäche für Maigret und Georges Simenon.*

BIOGRAFIE

GEORGES SIMENON

1903 geboren in Lüttich, Belgien.
1909 Besuch einer katholischen Elementarschule, anschließend Jesuitenkolleg. Danach versucht er sich als Verkaufsgehilfe einer Buchhandlung und als Konditorlehrling und wird schließlich Lokalreporter bei der Gazette de Liège.
1920 Der erste Roman „Au Pont des Arches" beschäftigt sich mit den Lütticher Sitten. Simenon schreibt unter Pseudonym.
1921 Verlobung mit der Malerin Régine Renchon, 1923 Heirat. Bis 1924 ist er Sekretär des Marquis de Tracy, 1925 schließt er mit dem Verleger Tallandier einen Vertrag über die regelmäßige Lieferung von Groschenromanen ab.
1928 Aufbruch zu einer sechsmonatigen Flussreise. Simenon ist begeistert von Schiffen und Wasser.
1930 Die erste Erzählung mit Kommissar Maigret erscheint: „Nachtzug".
1932 Umzug an die Atlantikküste, wo er mit Unterbrechungen 13 Jahre lang lebt.
1939 Sohn Marc wird geboren. Nach dem Zweiten Weltkrieg siedelt Simenon in die USA um. Nach einer Affäre mit Denyse Quimet und der Geburt ihres gemeinsamen Sohnes John verlässt er seine Frau 1949 und heiratet Denyse – es folgen zwei weitere Kinder. Nach zehn Jahren Rückkehr nach Frankreich.
1973 Simenon gibt bekannt, keine weiteren Romane mehr schreiben zu wollen. Er stirbt 1989 in Lausanne.

Geruhsames Treiben im Hafen von Arçais: Das grüne Idyll wird leicht unterschätzt. Regelmäßig verirren sich Fremde im Wirrwarr der Wasserstraßen

Text: Johannes Schweikle
Fotos: Christoph Otto

Im Labyrinth der stillen Wasser

Kluge Mönche schufen vor fast 1000 Jahren ein gigantisches Netz von Kanälen im Marais Poitevin. Das Ergebnis: Frankreichs schönster Irrgarten

Der Kahn gleitet im selben Tempo wie die Ente, die gemächlich zwei Meter vor uns herschwimmt. Nur das leise Glucksen des Paddels ist zu hören. Der Wind rauscht durch die Pappeln, die ein grünes Dach über dem Kanal bilden. Eine Eichel fällt mit lautem „Plopp" in das grünbraune Wasser, auf das die Abendsonne goldene Schuppen gelegt hat. „Ein Sumpfbiber", sagt unser Fährmann und zeigt auf den struppig braunen Kopf mit den kleinen schwarzen Augen, der am Ufer entlang schwimmt, ins Wurzelwerk einer Esche abtaucht und einen Kringel auf der Wasseroberfläche zurücklässt.

Michel Chollet sitzt am Heck des schwarzen Kahns. Sein Gesicht ist tief und gleichmäßig gebräunt, sein weißes Haar voll und kräftig. Vorhin, an Land, ging er langsam und ein wenig gebeugt, seine hagere Gestalt ließ ahnen, wie viel dieser Bauer in seinem Leben schon gearbeitet hat. Jetzt sitzt er aufrecht, steuert den fünf Meter langen Kahn mit gleichmäßigen Paddelschlägen souverän durch den schmalen Kanal, und kaum jemand käme auf die Idee, dass Monsieur Chollet schon 78 Jahre alt ist.

Bis zu seinem 61. Lebensjahr hatte er 25 Kühe. Jetzt schippert Chollet Touristen durch die Kanäle, die sich in den Zimmern seines niedrigen weißen Häuschens in Coulon eingemietet haben. Ein englischer Bed & Breakfast-Führer empfiehlt ihn: „*Good sense of humor, but no English*" – versteht Spaß, aber kein Englisch.

Monsieur Chollet hat sein ganzes Leben im Marais Poitevin verbracht. Dieses Feuchtgebiet liegt nordöstlich von La Rochelle und erstreckt sich über 100 000 Hektar zu beiden Ufern eines trägen Flüsschens namens Sèvre Niortaise. Das Naturparadies des Marais, das die Reisenden verzaubert, ist in Wahrheit eine Kulturlandschaft. Im 11. Jahrhundert begannen Benediktinermönche, den großen Sumpf

Der Bauer Michel Chollet trieb früher seine Kühe auf die feuchten Weiden des Marais. Heutzutage fährt er Besucher durch die Kanäle

Kähne gleiten durch saftiges Grün, das einst ödes Sumpfland war. Wasser ist die treibende Kraft im Marais

Der Kanal ersetzt die Straße: Wasserwege wie hier bei St-Georges de Rex erstrecken sich über 25 000 Kilometer

urbar zu machen. Sie gruben Kanäle, bauten Deiche und unterteilten die Schwemmlandebene in zwei Zonen, eine trockene (Marais Desséché) und eine feuchte (Marais Mouillé). Die Genialität dieses Plans ist auch 1000 Jahre später noch beeindruckend: Im trockengelegten Teil wird bis heute auf riesigen Feldern Getreide angebaut. Das Marais Mouillé regelt hier den Wasserhaushalt: Im Winter nimmt es wie ein riesiger Schwamm den Regen auf. Das ganze Feuchtgebiet wird überflutet, das Wasser schwappt bis zu hundert Mal pro Jahr an die Schwellen der Häuser. Über das mehrere tausend Kilometer lange Gitternetz der Kanäle fließt es langsam ab, und im Sommer versorgt das Marais Mouillé die Kornfelder des Marais Desséché mit Feuchtigkeit.

Michel Chollet ist kein Mann der großen Worte. Aber nach einer Stunde, als wir immer tiefer in das Labyrinth der Kanäle eingedrungen sind, einen Eisvogel und zwei Rehe gesichtet haben, sagt er: „Jetzt zeige ich Ihnen etwas Spektakuläres." Er steuert den Kahn in eine kleine Anlegebucht, steigt aus und hüpft wie ein Junge beidbeinig auf der Wiese, auf der ein Dutzend schokoladenbrauner Kühe grast. Mit verblüffender Wirkung: Die Erde vibriert, die Blätter an den Zweigen der Eschen zittern, als ob ein Riese aufgestampft hätte. Nicht nur die Rinder machen große Augen.

Kühe auf schwankendem Boden: Jede kleine Erschütterung lässt die Weiden zwischen Coulon und La Garette beben

Das schmucke 2000-Einwohner-Dorf Coulon liegt an der Sèvre Niortaise. Aus ihr speisen sich die meisten Kanäle

Die schwarzen Böden des Marais Mouillé haben ihren moorigen Charakter bewahrt. Die Häuser sind ohne Fundament gebaut und nur anderthalb Stockwerke hoch. Maueranker und Eisenstangen halten sie aufrecht, trotzdem steht manche Wand nicht mehr im Lot. Bis ins 20. Jahrhundert verdammte der schwankende Boden das Marais zu einem rückständigen Winkel, heute erweist sich das als Segen: Trotz des florierenden Tourismus verschandelt kein einziger Hotelklotz das so genannte grüne Venedig.

Jahrhundertelang war der Kahn das wichtigste Fahrzeug im Marais. Kanäle, die manchmal nur einen halben Meter tief sind, ersetzten die Straßen, auf ihnen wurden die Boote mit einer Stange vorwärts gestakt. Der Bäcker verkaufte das Brot vom Kahn, die Bauern schipperten sonntags zur Messe – an der romanischen Kirche von Coulon ist noch die Außenkanzel zu sehen, von hier predigte der Pfarrer seiner schwimmenden Gemeinde. Mit dem flachen Kahn aus Eichenholz, am Bug breit und am Heck schmal, ging man auf Entenjagd, legte Aalreusen aus und holte die Rinder von den Weiden, wenn sie schlachtreif waren.

Nach dem Zweiten Weltkrieg gab es in Coulon 300 Bauern. Heute sind es noch acht. Sie transportieren ihr Vieh in einem motorgetriebenen Binnenschiff. Mit den alten traditionellen Kähnen fahren heute nur noch Touristen. Viele brechen ohne Fährmann zu einer Bootspartie auf. Erst kürzlich hat wieder einer das Marais unterschätzt: Zwar ragt an jeder Kanalkreuzung ein Pfahl mit grünen Wegweisern aus dem Wasser. Aber ohne detaillierte Landkarte verfranste sich der Amateur-Gondoliere schnell in den Kanälen, Notruf via Telefon war zwecklos, auf den Kanälen findet das Handy kein Netz. Die Feuerwehr rückte aus, die einheimischen Angler halfen suchen. Nachts um eins lief der Mann, der für eine Stunde einen Kahn gemietet hatte, schießlich wieder in den Hafen ein.

„Die Grünen sind mir zu grün", stellt Jacques Renaud schon am Ufer klar. „Warum soll ich zu Fuß gehen, wenn es Autos gibt?" Beim Sprechen wippt eine Zigarette zwischen seinen Lippen, eine Goldkette baumelt am Hals, ein breitkrempiger Abenteurerhut gibt dem hageren Gesicht des 53-Jährigen Schatten. Er sitzt im Heck eines schlanken weißen Kanus und paddelt. Der Bug hebt sich elegant aus dem Wasser des Canal du Mignon.

Renaud hat das Kanufahren bei einem Indianer in Kanada gelernt – sein Boot fährt nicht diese Zickzacklinie wie unseres, er muss sein Paddel auch nicht mal rechts und mal links eintauchen, um auf Kurs zu bleiben.

MERIAN | TIPP Mit dem Rad durchs Marais

Zwei Meter können entscheidend sein. Wer im Kahn durch die Kanäle gleitet, sieht das Marais auf Höhe der Grasnarbe, eine ideale Perspektive für intensive Naturerlebnisse, etwa ein Paar Hasenohren so zu betrachten, wie die Häsin sie sieht. Der Radler hingegen sitzt zwei Meter höher als der Kanut und kann vom Sattel aus das beeindruckende Netz der Kanäle, Schleusen und Treidelpfade bewundern. Die Radwege sind ausgeschildert, die meisten Landstraßen wenig befahren, Steigungen gibt es kaum. In kleinen Orten wie La Garette erlebt der Radler die zwei Ebenen eines echten Marais-Dorfs: Im Erdgeschoss öffnen sich die Häuser zum Kanal, im ersten Stock führt auf der Rückseite eine zweite Tür zur Dorfstraße. Unbedingt ansteuern sollte man die Ruinen von Maillezais: Diese Benediktinerabtei gehörte zu den Klöstern, deren Mönche die Sümpfe des Marais Poitevin im 11. Jahrhundert trockenlegten.

Fahrradverleih: **La Bicyclette Verte**
Rue de Saint Hilaire, Arçais
Tel. 05 49 35 42 56
www.bicyclette-verte.com

Bauernstube aus alten Zeiten: Das Heimatmuseum in Coulon dokumentiert die Geschichte des Marschlandes

Im 11. Jahrhundert stand die Abtei von Maillezais noch direkt am Atlantik. Mönche von hier machten das Land erst urbar

Seit 20 Jahren bietet er Touren im Marais an. Wer möchte, kann mit ihm eine Woche durch die *conches* und *rigoles* – so heißen die kleinen Kanäle – gleiten, manchmal 18 Kilometer am Tag.

Jacques Renaud kämpft für das Marais und gegen einen an sich unschuldigen Gegner: den Mais. Ein Bauer, der Mais anbaut, bekommt zehnmal so viel Subventionen wie einer, der die Prärien des Marais Mouillé extensiv mit Rindern beweidet. So verschwindet ein Hektar nach dem anderen unter dem Pflug, Gräben und Kanäle werden zugeschüttet, und für die künstliche Bewässerung der Maisfelder gibt's noch einmal staatliche Beihilfen. Jacques Renaud sieht seinem Kanu-Tourismus das Wasser abgegraben: „Das Marais muss als einzigartige Landschaft erhalten bleiben."

Er deutet mit der Zigarette im Mundwinkel nach links. Der schmale Stichgraben zwischen zwei brachliegenden Parzellen verlandet. „Wenn der Wasserkreislauf unterbrochen wird, bekommen wir hier ein Problem", sagt Renaud. Die Sèvre hat streckenweise nur einen Zentimeter Gefälle pro Flusskilometer, entsprechend träge fließt das Wasser in den Kanälen. Deshalb sind die Überschwemmungen im Winter so wichtig für die Reinigung der Gewässer: Die Flut schafft Pflanzenreste und Tierexkremente weg. Kann das Wasser nicht abfließen, weil Gräben nicht mehr gesäubert und offen gehalten werden, bilden sich Tümpel mit stehender Brühe.

Eine dichte grüne Decke liegt rings um uns: Wasserlinsen bedecken den ganzen Kanal. Wenn die Enten vom Gründeln auftauchen, hängen die kleinen grünen Pflanzen, die in der Tat wie Linsen aussehen, an ihrem Gefieder. Jacques Renaud zeigt nach hinten: „Seht mal, wie schnell sich die grüne Decke wieder schließt." Schon zehn Meter zurück ist nicht mehr zu sehen, dass unsere Kanus den Pflanzenteppich geteilt haben. „Die Wasserlinsen sind ein Zeichen für gute Wasserqualität", erklärt er, „und sie sind wichtig für das Marais: Sie verhindern, dass die Stechmücken sich ausbreiten können. Ohne Wasserlinsen würde es hier von Mücken nur so wimmeln."

Schon immer glich das Marais Poitevin einem Schwamm, der von den herrschenden Kräften eines Zeitalters ausgequetscht wurde. Im Hundertjährigen Krieg (1337–1453) kamen die Erschließungsarbeiten zum Erliegen, während der Kämpfe um die richtige Religion drohten die Felder wieder zu versumpfen. Henri IV. holte holländische Ingenieure, die neue Kanäle anlegten. Im 17. Jahrhundert warf die katholische

Auf einer Fläche von 100 000 Hektar zieht sich das Marais Poitevin vom Atlantik landeinwärts. Das Gitternetz der Kanäle reguliert die Bewässerung der gesamten Region

Schweren Bauten hält der feuchte Boden nicht stand. Die Moderne kam deshalb nie wirklich hier an

Reaktion diese Protestanten wieder hinaus, bevor die Arbeit beendet war. Heute erinnert noch der Hopfen an die Holländer. Sie hatten ihn zum Bierbrauen mitgebracht, jetzt rankt er sich wild und zartgrün zwischen den Eschen an den Kanälen.

Zu Beginn des 19. Jahrhunderts ließ Napoleon I. die Sèvre begradigen, um den Flusshandel zu fördern. An beiden Ufern unseres Kanals sind noch die Treidelpfade zu sehen, auf denen Männer die Boote mit Seilen ziehen mussten, bis ihre Arme knapp über dem Boden hingen. Ein paar Jahrzehnte später kam die Eisenbahn und machte den Fluss als Handelsweg überflüssig.

Heute sitzt ein Angler am Ufer der Sèvre Niortaise, als ob das Fremdenverkehrsbüro ihn dafür bezahlen würde, sein Bauch spiegelt sich im Wasser. Der Tourismus prägt das Marais. Und erweist sich als Chance: Ein nachhaltiger Fremdenverkehr kann die Kulturlandschaft retten, vorausgesetzt, seine Förderer setzen sich gegen die Lobby der Maisbauern durch.

Auf dem Wasser ist es so still, dass wir das leise Knispeln hören, wenn die Kanus den grünen Teppich der Wasserlinsen durchschneiden. Der Duft der wilden Minze liegt in der Luft. Zwei Schwäne haben ihre Köpfe ins weiße Gefieder gesteckt. Als sie uns hören, fahren sie gleichzeitig in die Höhe. Aber nur für einen Augenblick. Dann winden sie die Hälse wieder zurück und dösen weiter. □

Johannes Schweikle *lernte bei der Bootstour durch das Marais Mouillé die unscheinbaren Gewächse der Wasserlinsen zu schätzen. Dank ihnen konnte der Reporter aus Hamburg abends am Wasser sitzen, ohne von Mücken zerstochen zu werden.*

MERIAN | SERVICE

Reisevorbereitung: Die Monate Mai, Juni und September sind ideal für eine Tour durch das Marais Mouillé. Im Juli und August sind viele französische Kurzurlauber unterwegs. Traditionelle Holzkähne werden in jedem Dorf mit und ohne Bootsmann vermietet. Die meisten Touristen starten in Coulon, der idyllischste Hafen findet sich in Arçais. Die Boote sind leicht zu manövrieren; wer allein auf Tour gehen will, sollte aber eine detailgenaue Karte an Bord haben (z.B. vom IGN). Sich per Mobiltelefon aus dem Gewirr der Kanäle herauslotsen zu lassen funktioniert nicht.

Kanutouren: **Jacques Renaud**
Canal du Mignon, La Ronde
Tel. 05 46 27 87 60
www.bjr-tourisme.com

Museum: Die **Maison des Marais Mouillés** in Coulon zeigt Flora und Fauna des Marais nur auf Französisch. Für den Film über die Geschichte des Gebiets nach der englischen Version fragen!
Place de la Coutume, Coulon
Tel. 05 49 35 81 04
Juli und Aug. tgl. 10-22 Uhr
Mai, Juni, Sept. 10-12 und 14-19 Uhr
Sa, So 10-13 und 14-19 Uhr

Unterkunft: **Chambres d'Hôtes du Canal**
Arçais, Elisabeth Plat, 10 Rue de l'Ouche, Arçais, Tel. 05 49 35 42 59
www.chambre-dhote.com
Liebevoll geführtes Bed&Breakfast im hübschen Arçais. Das Haus von Michel Chollets Tochter Elisabeth verfügt über einen Pool sowie Kähne und Kanus.

Bei der Course landaise stellen sich Männer rasenden Kühen direkt in den Weg. Das Tier bleibt unversehrt, der Torero spielt mit dem Leben

Hart an der Kuh

Text: Tom Schimmeck

Die Kühe trampeln über die Planken, dass es scheppert, werden aus dem Transporter eilig in ihre Verschläge gelotst, jede für sich allein, Tür an Tür. Keine trägen Milchkühe, sondern temperamentvolle Rassetiere mit enormen Hörnern, eigens dazu gezüchtet, wild, schnell und stark zu sein. Kampfkühe.

Ihr Auftritt krönt den Sommer im Departement Landes. Die *course landaise*, der Kampf zwischen Mensch und Kuh, gehört zu jedem ordentlichen Dorffest. Auch in Montfort-en-Chalosse, 20 Kilometer östlich von Dax. Noch ist es ruhig, bei der Freiwilligen Feuerwehr wird gekocht, da sitzen auch die Helden des Abends: die Ganaderia Armagnacaise aus Aire-sur- l'Adour, eine der fünf großen Torero-Truppen des Südwestens.

13 Mann stochern unterm Zeltdach im Essen. Nervös? „Ach nein, nur gespannt“, meint Didier Latapy, Chef der Truppe, auf dem Weg in die Schule neben der Arena. Dort kleiden sie sich um, ziehen sich die blütenweißen Hosen an, die schillernd bestickten Westen und Jacken. Darunter stecken mehrere polsternde Lagen: Mullbinden, Lederhülsen. Um die Waden kommt ein dicker Kunststoff-Schutz – kein Knochen verträgt den Aufprall einer 500-Kilo-Kuh.

Die Männer werfen sich in Schale, es duftet nach Kampfer, Schweiß und Salben. Sie reden laut, reißen Witze, es hallt in den Umkleidekabinen. Man spürt die Anspannung. Doch sind sie Routiniers, im Hochsommer oft viermal pro Woche in der Arena. Es gibt an die 150 Arenen zwischen Lit-et-Mixe und Gazaupouy, zwischen Casteljaloux und Orthez. Die *temporada*, die Saison, tobt von März bis Oktober.

Kurz vor dem Spektakel sind die Ränge voll besetzt. Die schmucken Stars sammeln sich in einer winzigen Kabine unter den Sitzreihen, beleuchtet von einer einsamen Glühbirne. Die Stimmen gehen durcheinander, draußen schmettert die Kapelle. Der Moderator hebt seine Stimme; ein älterer Herr mit Baskenmütze, der zwischen den Jurymitgliedern sitzt, direkt über den Verschlägen der Kühe. „Speaker“ nennen sie ihn, südfranzösisch ausgesprochen: „Spiiekööör“.

Die Toreros laufen hinaus ins Licht, die Hymne der Kuhkämpfer ertönt, sie defilieren durch die Arena. Die Menge klatscht, der Speaker stellt sie vor. Dann werden die kostbaren Jacken abgelegt. Wäre schade drum. Die Westen schillern prächtig genug.

Das Tor des ersten Verschlags geht auf, die Kuh trägt ein langes Seil um den Hals. Das andere Ende hält ein rotgesichtiger, erstaunlich flinker Senior in der Hand, Jean Dussarrat, 60, vielfach preisgekrönter *teneur de corde*, sprich Seilhalter. Er muss die Kuh in der Bahn halten, notfalls bändigen. Zwei Mann helfen ihm ständig, wenn es ernst wird, die gesamte Truppe. Kühe seien gefährlicher als Stiere, sagen die Experten. Denn der Stier spielt nur, die Kuh kämpft wirklich.

Einer der Toreros, Fabrice Laurede, blond, 29, steht in der Mitte der Arena. „Ey, ey“, brüllt Fabrice und springt in die Luft. Die Kuh kommt in Rage, Fabrice steht genau in der Schusslinie. Ein Helfer lässt das Seil los, die Kuh stampft los, gewinnt an Fahrt, rauscht wie ein Kleinlaster mit Hörnern durch die Arena. Fabrice, allein in der Mitte, weicht dem schnaubenden Geschoss mit perfektem Hüftschwung aus. Beifall brandet auf. Die Kapelle spielt lauter, beschwingter.

Welch urige Erregung: Der Mensch, das Tier, die Gefahr. Bei der Course landaise geht es nicht darum, das Tier zu besiegen, es zu töten. Der Torero soll ihm hautnah kommen, um im allerletzten Moment so präzise wie möglich auszuweichen. *Écarteurs* wie Fabrice schaffen das mit einer Vierteldrehung um die eigene Achse, die *sauteurs*, indem sie aus dem Stand über die Kuh hinwegspringen. Je höher das Risiko, je eleganter das Manöver, desto größer der Ruhm.

Der blonde Fabrice hat seine *écarts* tausendmal geübt. Wie seine Kollegen besuchte er als Teenager die Kuhkampfschule, um die Bewegungen und das richtige Timing an einer Elektro-Kuh einzustudieren. Man braucht ein gutes Gespür. Jede Kuh hat ihr eigenes Temperament. Einige heben plötzlich den Kopf, um den Gegner mit den Hörnern aufzuspießen. Andere schlagen im Vorbeibrettern mit dem Hinterhuf aus. Das ist besonders tückisch. Und passiert ständig.

Nach Fabrice treten die anderen Toreros in die Arena. Zuletzt Eric, ein kleiner, stämmiger Rotschopf, 41 Jahre alt und zäh. Die Kuh, die auf ihn losstürmt, heißt Montanite, sie streift ihn beim ersten écart, er rettet sich hinter die nächste Schutzwand, reibt sich den Hintern. Montanite glotzt böse, vier Männer zerren an ihrem Seil.

Eric ist sofort wieder da, ein Torero kennt keinen Schmerz, Extraapplaus, der Speaker gibt Feuer in die Stimme. Eric reckt sich, reißt ruckartig die Arme hoch, macht einen Satz in die Luft. Montanite donnert erneut auf ihn los, die Musik erstirbt. Eric dreht sich, die grüne Weste weht. Haar-

Die Kunst der Toreros ist der perfekte *écart*, die Drehung in allerletzter Sekunde, mit der sie der Kuh um Haaresbreite ausweichen

Kühe sind gefährlicher als Stiere. Der Stier spielt nur, die Kuh kämpft wirklich

scharf. Perfekt. Der Speaker jubelt, die Musiker singen, das Publikum johlt.

Fabrice will noch einen draufsetzen, wagt einen *écart sur le mouchoir*, eine Drehung auf dem Taschentuch. Er zieht ein Tuch aus der Weste, legt es feierlich in den Staub der Arena, stellt seine Füße darauf. Diese Position darf er nun nicht mehr verlassen.

Es geht schief. Die Kuh rennt ihn um. Es knallt, als sie ihn zu Boden tritt. Seilhalter Jean und seine Helfer halten das Tier mit aller Kraft von ihm fern. Eine zornige Kuh schiebt gern ein Horn unter die Weste, reißt den am Boden liegenden Torero hoch und schleudert ihn durch die Luft. Manchmal muss sich die halbe Truppe mit einem Hechtsprung über die Bretterwand retten. Ein Torero, der das nicht mehr schafft, wirft sich auf den Bauch, schützt seinen Kopf mit den Unterarmen.

MERIAN | TIPP

Die Course landaise erleben

Im Sommer finden fast jeden Samstag und Sonntag Kuhkämpfe in den Landes statt. Termine und Arenen sind auf der Website der Fédération Française de la Course Landaise zu finden (www.courselandaise.org). In vielen Badeorten am Atlantik werden unter Namen wie *course mixte* oder *toro piscine* spielerische Kämpfe angeboten. Beim l'intervache spielt man eine Art Kuhfußball. Über Historie und Hintergrund der Kämpfe informiert das **Musée de la Course landaise, (D 10) Bascons, Tel. 05 58 52 91 76 15. Mai-15. Okt., tgl. 10-19 Uhr** Gleich daneben steht die **Kapelle Notre Dame de la Course Landaise.** Zu den schönsten Schauplätzen zählen die Arena von **Dax** und Les Arènes du Plumaçon in **Mont-de-Marsan.** Packender ist aber oft die Atmosphäre in den kleinen Dörfern. Unter echten Fans berühmt ist die Arena von **Pomarez,** etwa 20 Kilometer östlich von Dax. Hier findet im Frühjahr zum Saisonauftakt das „Festival Art et Courage" statt. Kuhkampf-Freunde treffen sich im Café Laborde, der Patron betreibt auch ein kleines Privatmuseum zur Course landaise.

Und, ja, es gibt Tote. Selten zum Glück. In der Arena von Dax wurde 2001 Jean Pierre Guillé, den alle Rachou nannten, tödlich verletzt, ein Meister seines Fachs, spezialisiert auf den riskanten Innen-Écart, bei dem der Torero so steht, dass ihm im Notfall auch der Seilhalter die Kuh nicht mehr vom Leibe halten kann. Tausende trugen Rachou zu Grabe.

Die Weste der Toreros heißt *boléro*, die Truppe *cuadrilla*, der Stoß der Hörner *cornada*, die wahre Hingabe *aficion*. Kein Zweifel, die Tradition wurzelt im spanischen Stierkampf. Doch hier in den Landes lieben sie ihre Tiere. Eine gute Kampfkuh kann zehn Jahre in der Arena stehen. Es gibt sogar eine eigene Trophäe für das beste Tier, das goldene Horn, *corne d'or*. Gerade trägt eine schwarze Kuh namens Espérance den Titel.

Bei uns leiden die Menschen, nicht die Tiere", sagt Alain Laborde, Inhaber des Café Laborde in Pomarez. Alle Wände seines Cafés sind bedeckt mit Plakaten voller Kühe und Toreros. Hier treffen sich die alten und neuen Helden aus den Arenen. Der Patron ist ein melancholischer Typ. Sobald es aber um Kühe und Kämpfe geht, wird er heißblütig. Stundenlang seziert er mit seinen Gästen jede Kampfsekunde, redet gern über Abenteuer, Wagemut, Leidenschaft und die tiefe Tristesse im Manne.

Wohlgemerkt: im Manne. Um so mehr echauffiert sich Laborde über Elodie Poulitou, ein Mädchen mit langem Zopf aus dem Dorf Misson. Die hat neulich gegen alle Jungs das „Championnat de l'Avenir" gewonnen, den Nachwuchswettbewerb der Toreros. Und den Siegerstrauß legte sie auf das Grab von Rachou.

Laborde gefällt das gar nicht: Frauen in der Arena! „Das ist Männersache", sagt er wieder und wieder und blickt gebeutelt in die Runde der Freunde. Es reicht doch, dass die Kühe weiblich sind. Madame Laborde steht hinter dem Tresen und grinst.

Weiter westlich nahe dem Örtchen Bascons steht die Kirche der Toreros: Notre Dame de la Course Landaise. Ein Glasfenster zeigt eine Kampfszene. Gleich nebenan dokumentiert ein Museum die Geschichte des 500 Jahre alten Sports und erinnert an jene rauen alten Zeiten, da die Viecher noch durch die Straßen donnerten und Toreros wie Zuschauer aufschlitzten.

Vor der Kapelle steht ein Gedenkstein für den Torero Bernard Huguet: „Du bist gefallen, Freund, überrascht im vollem Ruhm", heißt es in der langen Inschrift, die vom „ewigen Drama" und der „Freude, die töten kann" spricht. Huguet starb 1987 in der Arena von Montfort-en-Chalosse.

Doch daran mag dort heute abend niemand denken. Drama und Freude streben neuen Höhepunkten entgegen. Die *sauteurs* haben ihren Auftritt: Denis und Thomas, die schlanken Akrobaten der Truppe. Die Stimmung ist auf dem Höhepunkt. Rubia, eine schnelle, braune Kuh, wird in Stellung gebracht. Denis steht in der Mitte, Rubia donnert los. Im letzten Augenblick federt er hoch, dreht einen Salto, während die Kuh unter ihm durchbraust, landet hinter ihr sicher auf den Füßen.

Um den Kitzel zu erhöhen, binden die Sauteurs nun ihre Beine mit dem schmalen Schlips zusammen und ziehen das *béret,* ihre kleine Mütze, über die Füße. Es erfordert volle Kraft und Konzentration, trotzdem so hoch zu springen, dass eine mächtige Kuh unter einem durchlaufen kann. Das Publikum liebt diese Spielchen.

Am Ende des Kampfes sind die weißen Hosen der Toreros braun vom Sand der Arena. Die verschwitzten Helden legen sich die Arme über die Schultern und grölen ein Lied, triumphierend und völlig erschöpft. □

Tom Schimmeck, *freier Autor, schreibt neben politischen und wissenschaftlichen Beiträgen gern über interessante Landschaften und Relikte maskuliner Lebensart. Beides fand er in den Landes.*

1

2

3

4

5

1 Der Held der Course landaise: Torero Jean-Pierre Guillé, genannt Rachou, starb 2001 nach einem Kampf. **2** Beim „Engelssprung" fliegt der *sauteur* mit ausgebreiteten Armen über die rasende Kuh hinweg. **3** Selbst kleine Örtchen wie Pimbo haben große Arenen. Die Kämpfe sind in den Dörfern der Höhepunkt des Sommers. **4** Polsterungen an den Hörnern verhindern, dass die Kuh den Torero durchbohrt. **5** Mit Schlips und Knieschoner: Die Toreros der Ganaderia Armagnacaise schützen ihre Gelenke und Knochen vor dem Kampf in der Arena

Der Traum vom eigenen Land

Die Basken sind ein seltsames Volk. Sie sprechen eine Sprache, die außer ihnen niemand versteht. Sie wuchten Strohballen zum Spaß um die Wette, und sie sind stolz auf eine Nation, die es offiziell gar nicht gibt

Text: Anja Haegele, Fotos: Marc-Oliver Schulz

So weit, so schön: Blick auf das Pays Basque bei Iraty. Kaum ein anderes Volk hat eine so enge Bindung zu seinem Land wie die Basken – obwohl ein eigener baskischer Staat nie existierte

Die Basken definieren sich nicht über Grenzen. Nur wer Euskara spricht, gehört wirklich dazu

Rot und weiß und grün. Das sind die Farben der Ikurriña, der baskischen Fahne. Sie klebt auf Autos, prangt als Graffiti an Wänden, und in vielen Läden gibt es sie nicht nur als Postkarte, sondern auch als *déo basque*, als Duftkarte, zu kaufen. Rot riecht nach Apfel, weiß wie Pfirsich und grün nach Pinie. Grün wie die sanften Hügel, die Bananenstauden in den Vorgärten und die Eichenwälder. Weiß wie der Schnee auf den Gipfeln der Pyrenäen und die gekalkten Häuser. Und rot wie die Fensterläden, Fachwerkbalken und Dachziegel. Es sind die Farben der schönsten Landschaft der Welt – das schwören die Basken.

Es ist leicht, sich in dieses Land zu verlieben. Der Schriftsteller Yann Queffélec besuchte Euskadi, das Baskenland, und fand hier „das geheimste aller Paradiese": ein Land, das es offiziell nicht gibt. Es liegt in Frankreich und in Spanien, zwischen Adour und Ebro, Atlantik und Pic d'Anie. Ein baskischer Staat hat nie existiert. Die spanischen Provinzen Guipuzcoa, Biscaya und Alava haben sich nach dem Tod Francos 1975 zwar weitgehende Autonomie-Rechte erkämpft, mit eigenem Parlament, Polizei und zweiter Amtssprache. Radikal-baskische Parteien fordern dort aber noch immer einen Nationalstaat, zu dem auch Navarra und die französischen Provinzen Labourd, Basse-Navarre und Soule gehören sollen. Letztere versuchen seit der Revolution, Frankreichs Regierung ein eigenes Département abzuringen. Ohne Erfolg.

Aus ganz Frankreich ziehen die Menschen ins *pays basque*, weil das Meer so nah ist, die Landschaft so lieblich und die Wirtschaft so stark. Auch deshalb gelten – nach der strengen Selbstdefinition dieses Volkes – nur noch rund 40 Prozent derer, die im französischen Baskenland leben, als Basken: Nur sie beherrschen die Sprache Euskara, und Euskaldunak, wie sie sich selber nennen, bedeutet „die, die Euskara sprechen". Ihre Kultur und Sprache verteidigen sie mit großem Selbstbewusstsein.

Zum Beispiel Lucien Betbeder. Der 44-Jährige liebt sein Land, und er treibt einen Sport, der ihn weit über sein Dorf hinaus bekannt gemacht hat: Lucien ist seit 20 Jahren ein Champion der *force basque.*

Holz hacken, Steine stemmen, Karren drehen, Tauziehen oder Strohballen heben sind die Disziplinen dieses Volkssports. Ursprünglich waren es bäuerliche Arbeiten, die mehr Spaß machten, wenn man sie als Wettkampf zelebrierte: Wer hackt das Holz am schnellsten, wer holt die größten Steine vom Acker? Wer ist der Stärkste, der Schnellste, der Geschickteste? „Es ist eine kulturelle Tradi-

Kraftakte zur Pflege der Kultur: Beim Karrendrehen hält Lucien Betbeder den Rekord. Sein tägliches Training: einen 45-Kilo-Strohballen am Seil so oft und schnell wie möglich nach oben zu hieven. Tauziehen dagegen ist nicht sein Sport. Das überlässt er Männern mit mehr Gewicht

Wahrzeichen der baskischen Heimat: Bergdörfer wie Sare sind berühmt für ihre weiß gekalkten, blumengeschmückten Häuser. Parolen (oben rechts: „Gefangene nach Hause") gehören inzwischen zur Tradition wie das *béret basque,* die Baskenmütze

tion, die wir bewahren", erklärt Betbeder und sagt dann ein bisschen verlegen: „Männliche Härte ist uns Basken sehr wichtig." Vehement wehrt er sich gegen den Folklore-Stempel, den die Touristikbranche der Force basque gerne aufdrücken will: „Es gibt genaue Regeln, und wir trainieren hart – wir treiben Sport, und nebenbei verteidigen wir unsere Kultur."

In St-Palais, wo Mitte August das landesweit berühmteste Festival der force basque stattfindet, ist für Folklore wenig Platz. Sicher, der ein oder andere Tourist verirrt sich auf den Sportplatz und belächelt den bitteren Ernst, mit dem acht Dorfmannschaften gegeneinander antreten. Aber die allermeisten der 4000 Zuschauer haben zwölf Euro Eintritt bezahlt, um Sportlern zuzujubeln, die für die Ehre ihrer Dörfer kämpfen. Starke Männer sind das, mit mächtigen Bäuchen, Stiernacken und riesigen Händen, die zeigen, dass jeder von ihnen harte Arbeit gewöhnt ist.

Betbeder führt die Mannschaft von St-Martin-d'Arberoue. Der Einpeitscher kündigt ihn an als den „Mann, der alles kann", die Frauen kreischen, als er zum *orga Joko*, zum Karrendrehen, antritt. 1,80 Meter groß ist er, schlank, muskulös, mit kurzen dunkelbraunen Haaren. Bescheiden sieht er zu Boden, als der Mann am Mikrofon die Stimmung weiter anheizt: „Wenn hier ledige Frauen sind – lasst euch ein Kind von ihm machen." Da kreischen selbst gesetzte Damen wie Teenager beim Robbie-Williams-Konzert.

Der Athlet krempelt die Hosenbeine hoch und lockert seine Waden. Tief einatmen und los. 356 Kilo wiegt der Holzkarren, den er stöhnend auf seine Unterarme hebt. Er muss ihn jetzt so oft wie möglich um seine eigene Achse tragen. Die ersten Runden läuft er zügig. Sein Trainer geht neben ihm, ermahnt zum ruhigen Atmen. Der Konkurrent aus St-Palais hat nach knapp sechs Runden, 115,20 Metern, den Karren umgeworfen und ist erschöpft zusammengebrochen. Betbeders Rekord liegt bei achteinhalb Runden. Er geht langsamer, jeder Schritt quält, die Anstrengung verzerrt sein Gesicht. Nach 156 Metern lässt er den Karren fallen. Kein neuer Rekord, aber Tagessieg.

Betbeder wohnt mit seiner Frau und zwei Söhnen in Gréciette, einem winzigen Dorf, nicht so herausgeputzt wie die Bilderbuchorte Sare, Ainhoa, Ascain und Espelette, in denen sich die Touristen drängeln. In Greciette hat sich seit Jahrzehnten kaum etwas verändert, viele der weiß gekalkten Häuser und die Kirche stammen aus dem 18. Jahrhundert, der obligatorische *frontón*, der Platz mit Mauer fürs Pelota-Spiel, liegt neben dem Friedhof, und immer noch

Mit Hingabe lassen Männer Muskeln spielen – zur Ehre ihrer Dörfer

werden abends die Kühe in den Stall getrieben. Neu ist die acht Meter hohe Stahlkonstruktion hinter dem Haus der Familie Betbeder. Ein dreieckiges Gerüst, mit einem Flaschenzug, durch den ein dickes Tau läuft. An seinem Ende ist ein weißes Paket befestigt, ein 45 Kilo schwerer Strohballen, in Plastik eingewickelt. Der muss beim *lasto altxatzea* in zwei Minuten so oft wie möglich auf acht Meter Höhe gezogen werden.

„Eine gewaltige Anstrengung, für die man alle Muskeln des Körpers braucht", erklärt Betbeder. Nur das erste Mal zieht er den Strohballen mit den Armen in die Höhe. Danach nutzt er das Gewicht, das acht Meter tief fällt und springt, das Seil fest umklammert, auf etwa vier Meter Höhe, um den Strohballen, diesmal mit Hilfe seines Körpergewichts, wieder nach oben zu ziehen. Wie eine muskulöse Version des Glöckners von Notre-Dame hängt er am Seil, 17 Mal in zwei Minuten hebt er den Strohballen bis zum Anschlag – danach ist er so außer Atem, dass ihm die Stimme versagt.

Fünfmal täglich wiederholt er die Prozedur, manchmal stellen sich seine Söhne Andoni und Peio auf das Strohpaket und wollen vom Vater in die Höhe gehievt werden.

Mit ihren Kindern sprechen Betbeder und seine Frau nur Baskisch. Französisch, glauben sie, werden die beiden automatisch in der Schule lernen. Sie wollen nicht den Fehler ihrer Eltern wiederholen, die, im Glauben ihren Kindern zu helfen, zu Hause auf die baskische Sprache verzichteten.

Meine Eltern haben sich geschämt, weil sie nicht richtig Französisch sprachen", erzählt Betbeder. Er selbst wurde von den Lehrern bestraft, wenn er in der Pause mit anderen Kindern in „die Bauernsprache" fiel. Die Eltern dachten, es wäre das beste, wenn wir das Baskische vergessen", sagt er und hebt die Schultern, als könne er es nach all den Jahren immer noch nicht fassen. Betbeder kann Baskisch sprechen, aber kaum schreiben. Seine Frau Isabelle hat sogar Sorgen, ob sie Peio, der bald auf eine zweisprachige Schule kommt, bei den Hausaufgaben wird helfen können.

Viele Eltern zögern deshalb, ihre Kinder in eine der 74 Schulen zu schicken, in denen auch auf Baskisch unterrichtet wird. Die Lehrerin Mirentxu Lako zählt noch mehr Gründe auf: Baskisch gelte als Sprache ohne Zukunft, Englisch oder Spanisch seien später viel besser. Manche Eltern fürchteten außerdem, politisch eingeordnet zu werden, wenn sie ihr Kind Baskisch lernen lassen. Und immer wieder hört die Lehrerin, die Sprache sei einfach zu schwer. „Dann sind wir also verdammt intelligent, weil wir sie sprechen", kontert Mirentxu Lako sarkastisch. Sie ist 31 Jahre alt, hat kurze rote Haare und lacht gern und oft. Politik ist nicht ihr Ding. Eigentlich. „Aber in diesem Land gilt es als politischer Akt, seine Muttersprache zu sprechen. Man lässt uns keine Wahl – sobald wir den Mund aufmachen, müssen wir Basken politisch sein."

Sie unterrichtet in Ossès, einem winzigen Bauerndorf, dort wo die Basse-Navarre in Richtung Pyrenäen ansteigt und bergig wird. Es ist eine private Schule, in der sie arbeitet, eine *ikastola*, auf der alle Fächer, Französisch natürlich ausgenommen, auf Baskisch unterrichtet werden. „Auf baskischem Boden kann ich nicht auf Französisch unterrichten," sagt Mirentxu Lako, sie sei das ihrem Vater schuldig, der damals, als die Mutter

MERIAN | INFO Die Basken und ihre Heimat

Woher die Basken kommen, ist nicht klar erforscht, einen eigenen Staat hatten sie nie. Etwa 260 000 leben in Südwestfrankreich in den drei Provinzen Labourd, Basse-Navarre und Soule, die Mehrheit, rund 2,5 Millionen, in den vier nordspanischen Provinzen Guipuzcoa, Biscaya, Alava und Navarra.

Baskisch gilt als die älteste Sprache Europas, ihre Wurzeln sind bisher trotz intensiver Forschungen nicht gefunden. Verschiedene Theorien führen sie auf das Iberische zurück oder auf Berberdialekte aus Nordafrika. Es könnte auch sein, dass die Basken aus dem Nordwestkaukasus zuwanderten.

Die radikalste baskische Forderung lautet „Zazpiak bat", „aus Sieben wird Eins". Nach einem eigenen Nationalstaat streben 50 Prozent der spanischen Basken, allerdings nur zehn Prozent der Bevölkerung im französischen Pays basque. Nationalistische und separatistische Tendenzen gibt es dort nur in geringem Maße, die baskische Untergrundorganisation Iparretarak, das einstige Pendant zur spanischen ETA, existiert nicht mehr.
Die Forderung nach einem eigenen Département wird jedoch auch in gemäßigten Kreisen schon seit der Französischen Revolution gestellt. Bisher ist das Baskenland im Département Pyrénées-Atlantiques mit dem Béarn zusammengefasst.
Am wichtigsten ist den Basken die Anerkennung und Pflege ihrer Sprache: Rund 40 Prozent der französischen Basken sprechen oder verstehen Euskara, 20 Prozent der Kinder bekommen Baskisch-Unterricht. Das zeigt jedoch den Ernst

der Lage: Nach einer Definition der Unesco gilt eine Sprache, die von weniger als 30 Prozent der Kinder gesprochen wird, vom Aussterben bedroht.

Durch zivilen Ungehorsam erreichten die Basken in den achtziger Jahren zumindest, dass ihre Dörfer wieder baskische Namen tragen: Sie pinselten so oft *„Euskal Herrian Euskaraz"* („im Baskenland baskisch") auf die Ortsschilder, bis den Behörden die Reinigung zu teuer wurde und sie zweisprachige Beschriftungen einführten.

Mehr Rechte für die Basken: Demonstration in St-Etienne-de-Baïgorry

Rot, weiß, grün: Die baskischen Farben durchziehen die Orte

Drei Dinge gehören zu einem baskischen Ort, und sei er auch so klein wie das Dörfchen Cibits: Bauernhof, Kirche und dahinter ein Feld fürs Pelota-Spiel

anfing, zu Hause nur Französisch zu sprechen, darauf beharrte, mit seiner Familie in Euskara zu reden.

Mirentxu Lako erzählt, dass im Baskenland das Haus und die dazugehörigen Ländereien so sehr Mittelpunkt der Gesellschaft sind, dass ein Erbe nie zerteilt wird. Es erbt der oder die Älteste. So wichtig sind die Häuser, dass selbst die Kinder in der Schule nicht Mayalen, Bixente oder Iñaki gerufen werden, sondern nach den Namen der Häuser, in denen sie wohnen – Etxegorria oder Organbidexka.

Es erbte der Erstgeborene, und die Nachgeborenen mussten meist gehen. Deshalb wurden in der Vergangenheit viele Basken Seefahrer oder wanderten aus. Heute wird das alte Gesetz immer weniger befolgt. Jüngere Geschwister sehen nicht ein, warum sie verzichten sollen, auch wenn das staat-liche Erbrecht anderes sagt. Und für die Bauern ist es schwer, ihr Land nicht zu stückeln, obwohl es von Immobilienspekulanten gut bezahlt würde, vor allem in der Nähe der Küste.

Maritxu Lecuona hat ihren Hof in Espelette, dem bekanntesten Dorf des Labourd. Hier hängen an allen Fachwerkhäusern rote Pimentschoten, an Schnüren aufgefädelt. Vor 14 Jahren hat sie mit ein paar anderen Bauern ein Komitee gegründet, mit dem Ziel, eine geschützte Herkunftsbezeichnung für den *piment d'espelette* zu erreichen. Seit dem Jahr 2000 werden der Piment und das daraus gewonnene Würzpulver endlich kontrolliert, verkostet und nur dann mit einem Qualitätssiegel versehen, wenn Farbe, Aroma und die typisch fruchtige Schärfe stimmen.

Maritxu Lecuona, 39 Jahre alt, mit großen Ohrringen, steht auf ihrem Feld und strahlt. Sie wollte nie etwas anderes sein als Bäuerin, und die guten Preise, die Feinschmecker für den Piment aus Espelette bezahlen, machen es ihrer Familie möglich, auch in Zukunft von der Landwirtschaft zu leben. 85 weitere Bauern hat sie inzwischen für die Kooperative geworben, „und es könnten noch viel mehr werden – denn wir können die Nachfrage bei weitem nicht decken", erzählt sie vergnügt.

Der ehrenamtliche Bürgermeister des Dorfes, André Darraïdou, nennt Maritxu Lecuona ein „leuchtendes Beispiel" dafür, wie jemand sich für baskische Traditionen einsetzt. Er selbst tut das auch. In Espelette werden Briefe und Protokolle aus dem Rathaus neuerdings auch auf Baskisch geschrieben. „In der Verfassung heißt es nur, dass Französisch die Sprache der Republik ist, aber nicht, dass es verboten ist, außerdem Baskisch zu benützen", sagt er. Die Sekretärinnen hat er gebeten, zur Begrüßung am Telefon nicht nur *„bonjour"* sondern auch *„egun on"* zu sagen und dem *„au revoir"* ein *„ikus arte"* anzuhängen. „Es sind winzige Gesten, aber ich denke, wir geben unserer Sprache damit mehr Wert." Er selbst hat erst kürzlich, im Alter von 56 Jahren, angefangen, wieder Baskisch zu lernen. Einmal wöchentlich nimmt er Privatunterricht, um sich mit seinen Enkeln unterhalten zu können.

Paaren, die in Espelette heiraten, ist neuerdings erlaubt, statt *„oui"* auf Baskisch *„bai"* zu antworten, bevor sie sich küssen und die Ringe tauschen. „Man glaubt nicht, wie glücklich man Menschen mit dem Austausch eines Wortes machen kann", sagt Darraïdou stolz. Verboten sei das nicht. „Man muss sich nur zu helfen wissen." Zum Abschied serviert der Bürgermeister ein Glas „EHKA", ein Cola-Getränk, das eine Kooperative in der Gegend vertreibt: „Euskal Herriko Koka Alternatiboa" – Baskische Alternativ-Cola. Auf dem Etikett – natürlich – die Farben der Ikurriña. Rot und weiß und grün. □

Anja Haegele, *freie Autorin in Hamburg, schreibt an einem Roman, der im Baskenland spielt. Dafür quält sie sich durch die 17 Fälle der Sprache Euskara.*
Marc-Oliver Schulz, *freier Fotograf in Hamburg, lernte bei den Kraftwettbewerben die starken Basken als sanftmütig und freundlich kennen.*

Biarritz

Einsam thront die Villa Belza über dem Ozean. Ende des 19. Jahrhunderts trafen sich hier russische Aristokraten zu Gala-Empfängen. Heute beherbergt der exzentrische Bau luxuriöse Appartements

Foto: Günter Standl

Vom Fischerdorf zum Seebad der Schönen und Reichen – erst kam Europas Adel, dann Hollywood, jetzt Stars aus aller Welt. Heute wie damals gilt: Wer etwas auf sich hält, hat eine Villa in Biarritz ✷ Text: Anja Haegele

W

„Wenn man sich zwischen zwei Stränden entscheiden muss, dann ist einer davon immer Biarritz" hat ein weit gereister Lebemann gesagt. Das war in den zwanziger Jahren des vergangenen Jahrhunderts, als *tout Biarritz* Champagner trank und Charleston tanzte. Die ganze Welt traf sich hier! Europäische Könige, russische Prinzessinnen, amerikanische Industrielle, französische Modeschöpfer und rastlose Künstler. Picasso hat seine Badenden in Biarritz gemalt – eine klare Entscheidung gegen die Strände, die er an der Côte d'Azur oder in Spanien kannte.

Wer heute Ferien in Biarritz macht, trifft keine Majestäten. Dafür aber Stars und Sternchen aus Film, Fernsehen und Politik. „Wen werden wir diese Woche sehen?", wird Françoise Darrigade, die den Zeitschriftenladen am Casino betreibt, häufig gefragt. „Schwer zu sagen", antwortet sie dann, „in Biarritz zeigen die Stars sich weniger als an der Côte d'Azur. Viele wohnen nicht im Hotel, sondern privat und bleiben die meiste Zeit zu Hause." Nicht nur die Promis, auch die Touristen seien diskreter als andernorts: „Sie freuen sich, Stars zu sehen, aber sie lassen sie in Ruhe."

Madame Darrigade weiß, wovon sie spricht, denn sie ist selbst Prominenten-Ehefrau: Ihr Mann André Darrigade, früher Weltmeister im Radrennfahren und Etappensieger der Tour de France, war Ende der fünfziger Jahre in Frankreich mindestens so populär wie Jan Ullrich heute in Deutschland. „Wir haben immer Autogrammkarten hier, und wenn Fans nach ihm fragen, holt er mich abends ab und lässt sich fotografieren", sagt seine Frau. Sie ziert sich ein wenig, ihre prominenten Kunden zu nennen, verrät aber doch, dass Alain Delon regelmäßig kommt, außerdem Jean-Paul Belmondo, der Rennfahrer Alain Prost, Catherine Deneuve, Jeanne Moreau und natürlich Karl Lagerfeld. „Der kauft zweimal wöchentlich einen Stoß Zeitschriften und grüßt alle Mitarbeiter mit Handschlag."

Beschirmte Badelust: Die Grande Plage hieß einst Plage des Fous – Strand der Verrückten

Prunkvoll glänzt der Salon mit Bar im Hôtel du Palais. Als Kaiserin Eugénie hier residierte, amüsierte sich der Adel mit neckischen Spielchen. Edle Damen haschten gern mit Tüchern nach ihren Tänzern

Sommerfrische im Wechsel der Zeiten: Heute tragen Surfer ihre Boards über die Promenade, ...

...vor 100 Jahren spazierte die Hautevolee am Strand entlang

Seit 1997 besitzt Lagerfeld die „Villa Elhorria" am Stadtrand. Bereits in den Fünfzigern hatte er sich in das Haus verliebt und geduldig gewartet, bis es zum Verkauf stand. „Für mich ist Biarritz die schönste Ecke der Welt" sagt er, und: „Ich liebe diese Stadt wegen ihrer Vergangenheit."

In Biarritz hat man in den neunziger Jahren erkannt, dass diese Vergangenheit ein Pfund ist, mit dem sich wuchern lässt. Bürgermeister Didier Borotra hat die Innenstadt zu einer architektonischen Schutzzone erklärt, die in Frankreich ihresgleichen sucht: 830 Gebäude gehören dazu, 230 Villen, deren Umbau oder Abriss verboten ist und 600 weitere, an denen jede Veränderung genehmigt werden muss. Natürlich sei ihm bewusst, sagt Borotra, dass er sich bei den Hausbesitzern damit auch Feinde macht. „Aber irgendwann werden sie verstehen, dass ihre Villen mehr wert sind, wenn sie die ursprüngliche Schönheit behalten." Trotz aller Auflagen ist der Immobilienmarkt gespannt: „So viele alte Villen, wie ich verkaufen könnte, gibt es hier gar nicht", sagt Philippe Lafourcade. Sein Maklerbüro, das auch Lagerfelds Villa vermittelte, hat zurzeit die ehemalige Residenz von Igor Strawinsky im Angebot: Top-Lage im kaiserlichen Viertel. 330 Quadratmeter Wohnfläche in einem Garten mit alten Bäumen, nur 100 Meter vom Strand entfernt. „Zu verkaufen nicht unter einer Million Euro", sagt der Makler. Teurer sind Appartements im Zentrum der 30 000-Einwohner-Stadt: Der Quadratmeter kostet ab 5000 Euro.

Auf Bürgermeister Borotras Werbebroschüre prangt ein Bonmot von Victor Hugo: „Die Fassade eines Hauses gehört auch denen, die sie ansehen." Das passt zu dem 66-jährigen Politiker, der sein Faible für Kunst und Kultur gern zelebriert. Unter seiner Ägide organisiert Biarritz eine stets hochkarätig besetzte Ballettwoche, Festivals für klassische Musik, Fotografie, elektronische Musik und lateinamerikanisches Kino – Kultur für jeden Geschmack.

Biarritz dankt dem Politiker sein Engagement mit zuverlässiger Wiederwahl. An die Macht kam Borotra 1991. Er löste Bernard Marie ab, den Vater der Verteidigungsministerin Michèle Alliot-Marie, der 14 bleierne Jahre an der Spitze der Stadtverwaltung gesessen hatte. Das Schlagwort der Biarrots für diese Zeit ist *„tristesse sans cesse"*, sinngemäß übersetzt „graue Wände ohne Ende" – genau so wurde unter Marie in Biarritz gebaut: Das „Hôtel Victoria Surf" zum Beispiel, ein monströser Kasten, hellbeige mit schmutzig-orangen Balkons. In voller Scheußlichkeit drängelt es sich noch heute neben eine schmucke neobaskische Villa an der Strandpromenade. Andere Bausünden folgten: Gärten, die den Strand säumten, wichen Parkplätzen und Terrassenhotels. Jahrhundertwende-Villen wurden zu Gunsten von Plattenbau-Appartements gesprengt.

1990 verkündete Marie, das Casino abreißen zu wollen. Es war ja nur noch eine Bruchbude – und er wünschte sich mehr Parkplätze am Strand. Das rüttelte die Biarrots wach. Didier Borotra forderte Neuwahlen, kandidierte und versprach, das Casino zu sanieren. „Wir haben geputscht", klopfen sich die Leute heute selbst auf die Schultern. Stolz sagt eine Stadtführerin, dass das Casino „nie so schön war wie heute". Leuchtend ockergelb steht es, frisch renoviert, am Strand, unter seinen Arkaden etablierten sich teure Cafés. Parkplätze gibt es in Biarritz kaum noch, dafür neu angelegte Gärten an der Promenade. „Es war höchste Zeit, Stopp zu sagen", erklärt Borotra heute, „unsere Zukunft stand auf dem Spiel, wir brauchten neue Gesetze, um das architektonische Erbe der Stadt zu erhalten."

Dieses Erbe verdankt Biarritz vor allem einer Frau: Eugenia, Tochter des Grafen von Montijo, mütterlicherseits aus spanisch-schottischem Adel stammend. Ein Fischer rettete sie 1835, als Neunjährige, vor dem Ertrinken. Sie verliebte sich. Nicht in den unstandesgemäßen Fischer, aber in sein Dorf, Biarritz. 18 Jahre später heiratete Eugenia den vom Präsidenten der Zweiten Republik zum Kaiser aufgestiegenen Napoléon III., hieß fortan Eugénie und herrschte über das Second Empire – einen Operettenstaat mit Kaiserin, die aus ihrer ersten Liebe eine Operettenstadt machte.

16 Jahre lang feierten Napoléon und Eugénie ihre Ferien als rauschendes Dauerfest, zu dem sie Europas Adel nach Biarritz luden. Die Bourbonen, Bernadottes, Habsburger, Metternichs, Welfen und Wittelsbacher hatten Geld im Gepäck. Sehr viel Geld. Sie eiferten dem Kaiserpaar nach, das in nur zehn Monaten die „Villa Eugénie" hatte bauen lassen. Eine Residenz nach der anderen wurde eingeweiht, jede aufwändiger, größer und fantasievoller als die zuvor.

Reiche Russen bauten 1890 die orthodoxe Kirche St-Alexandre Newsky

Die große Blüte der kleinen Stadt: Feudale Bürgerhauser säumen die Place Georges Clemenceau um 1930

Mit vollen Händen schöpfte man aus den Launen der Architekturgeschichte, kopierte, was das Zeug hielt: Neo-Gotik, Neo-Klassizismus, Neo-Renaissance. Biarritz entwickelte sich zur Spielzeugstadt, sogar eine Kirche ist der Chapelle Royale in Paris nachempfunden.

Für Eugénie und Napoléon war die Operette 1871 nach dem Deutsch-Französischen Krieg beendet. Doch Biarritz wuchs und feierte weiter: Allein von 1876 bis 1881 entstanden mehr als 300 Villen. *A la mode* war der Neo-Regionalismus: Weiße Steinhäuser mit grünen Fensterläden und roten Fachwerkbalken, wie die „Villa Etxeverdia", den baskischen Bauernhäusern nachempfunden. Oder Backstein-Fachwerk im Tudor-Stil. Der Engländer John Pennington-Mellor baute „La Domaine de Françon", ein Schloss mit 20 Hektar großem Park im Old-English-Style. Die nötigen Steine ließ er aus Schottland liefern.

Die Briten entdeckten Biarritz. Edward VII. kam nach 1906 so oft und blieb so lange, dass Spötter ihn „König von England und Biarritz" nannten. Die Gesellschaft ging züchtig bedeckt zum Baden, zur Fuchsjagd und zum Golf. Seit 1888 hat Biarritz auf der Klippe am Leuchtturm einen 18-Loch-Platz, den zweitältesten in Frankreich.
In Imagefilmen wie dem des Luxusressorts „Hotel du Palais" wird mit diesem Golfplatz geworben. Zu Walzerklängen schwingen Models ihre Schläger vor der Kulisse des Atlantiks. Das soll die Klientel ansprechen, die Jeanne Marchetti, Directrice des Hauses sich wünscht: Sie schwärmt von Familien, die vier Wochen Ferien im „Hôtel du Palais" verbringen, „so wie früher die Windsors". Inzwischen seien es allerdings nur noch wenige Adlige, sondern „Medienleute, Ärzte, Rechtsanwälte und Manager", die sich ab 250 Euro pro Nacht einquartieren.

Sie spielen Golf, baden im Meer oder den Thalasso-Therapie-Becken, speisen fürstlich und unternehmen Ausflüge ins Baskenland. Wie vor ihnen der Adel. Und doch hat sich die Stadt schon nach dem Ersten Weltkrieg verändert. Das Art déco hatte den architektonischen Stilmix herausgeputzt: Erkerchen, Giebelchen, Girlanden aus Fischen und Blumen, zum Beispiel in der „Villa Natascha", deren riesige Fenster mit roter verschnörkelter Glasmalerei und Ornamenten aus Blättern dekoriert sind. Im neuen Casino am Strand, auch einem Juwel des Art déco, verspielten die Stars der wilden Zwanziger ihr Geld: Charlie Chaplin, Buster Keaton, Ernest Hemingway, Arthur Rubinstein und Sarah Bernhardt verkleideten sich als Piraten oder Marsmenschen, wenn Pierre d'Arcangues, Spross einer lokalen Dynastie, Motto-Bälle organisierte. Die Kostüme entstanden in den Ateliers von Jean Patou oder Coco Chanel, die Dependancen mit über 100 Mitarbeitern in Biarritz hatten.

Der Kontrast war hart, als der Börsenkrach in New York, der Bürgerkrieg in Spanien und schließlich die deutsche Besetzung der Champagner-Laune ein Ende setzten. Im „Hôtel du Palais": Truppen der Wehrmacht. Vor dem Château d'Arcangues: 300 Soldaten und 20 Offiziere. „Jetzt ruinieren und stehlen sie alles", befürchtete d'Arcangues und berichtete dem deutschen General vorsorglich, dass 130 Jahre vor ihm sein englischer Kollege Wellington das Schloss besetzt hatte: „*Mon Genéral*, die Engländer haben nicht bloß nichts mitgenommen, sondern bei der Abreise sogar eine Kaffeekanne als Geschenk dagelassen." Tatsächlich haben sich dann auch die Deutschen „passabel" benommen, geplündert wurde nicht, das Schloss blieb unversehrt.

Nach dem Krieg war Pierre d'Arcangues' Sohn, der Journalist und Schriftsteller Guy d'Arcangues einer der Männer, die Biarritz' Image wieder aufbauten. Die Könige des Show-Biz pilgerten jetzt in sein Schloss: Henry Ford, Gary Cooper, Curd Jürgens, Catherine Deneuve, Alain Delon, Aga Khan, Rainier von Monaco und Grace Kelly feierten im eichengetäfelten Speisesaal und ließen sich Wellingtons silberne Kaffeekanne zeigen. „Als ich ein Teenager war, hat Frank Sinatra bei uns im Salon gesungen", erinnert sich Michel d'Arcangues, Guys Sohn. Er war so an die rauschenden Partys seiner Eltern gewöhnt, dass er sich nicht

Als würde die Kaiserin wiederkommen: die Lobby des „Hôtel du Palais" im Stil der Belle Époque

einmal gemerkt hat, welche Songs das waren. Er dachte, es würde ewig so weitergehen.

Später dann kam das Beton-Zeitalter unter Bernard Marie, der die d'Arcangues nicht länger in die Geschicke der Stadt mit einbezog. Guy d'Arcangues wurde alt: „Er hatte keine Lust mehr, all die Leute einzuladen“, sagt Michel. Er selbst interessiert sich nicht für das Show-Biz. Um den Erhalt des Familiensitzes zu finanzieren, vermietet er sein Schloss an Firmen wie IBM oder Coca-Cola, die hier Incentive-Galas veranstalten. Die Gäste wohnen oft im „Hotel du Palais“ und Direktorin Marchetti hofft, dass „solche Leute mit Niveau“ später privat wieder kommen. Es sei keine Schönfärberei, wenn sie schwärmt, dass Biarritz die „eleganteste Destination am Atlantik“ sei: „Hier protzt keiner mit Geld. Es herrscht nur Ruhe und Schönheit. Und niemand läuft mit bloßem Oberkörper durch die Stadt.“

Bei 70000 Besuchern, die in der Hochsaison pro Tag in der Stadt sind, wäre das ein Wunder. Selbstverständlich gibt es Touristen, die barfuß und im Badezeug den Sand in Darrigades Zeitschriftenladen schleppen, genauso Discotheken, Pizza-Stände und Irish Pubs. Das ändert aber nichts am Charme einer Stadt, die begriffen hat, dass man Geschichte bewahren kann, ohne gestrig zu wirken.

Vor 80 Jahren hat Pierre d'Arcangues gesagt: „Biarritz ist so sympathisch, weil hier der Prince of Wales genauso leben kann wie Herr Mustermann“. Er hat noch immer Recht. Der abendliche Blick auf die Grande Plage, wenn die untergehende Sonne die Felsen im Gegenlicht rotgolden schimmern lässt, ist atemberaubend, ob man nun am Strand sitzt oder auf der Terrasse des „Hôtel du Palais“. Und wenn man sich entscheiden muss? Dann ist es immer der Strand von Biarritz. □

Architektur im Stil des Art déco: Das Meeresmuseum am alten Hafen

MERIAN | TIPP Die schönsten Häuser in Biarritz

Hôtel du Palais
1, Avenue de l'Impératrice
An dieser Stelle stand die kaiserliche „Villa Eugénie“, die 1903 abbrannte. Das Hotel, das wie die alte Villa den Grundriss eines „E“ hat, wurde dem Second-Empire-Stil des Originalbaus nachempfunden, ist aber größer. Das Hotel ist zwar nicht zu besichtigen, wer aber eine Verabredung in der Lobby vorgibt, kann zumindest die Halle mit Möbeln und Leuchtern aus Eugénies Zeit bewundern.

Casino Municipal
Esplanade du Général de Gaulle
Das Casino wurde 1929 im Art-déco-Stil gebaut und 1993 sehr aufwändig wieder hergerichtet. Angeblich ist es seither schöner als im Original. Die Inneneinrichtung ist ganz im Stil der zwanziger Jahre.

Villa Belza
7, Boulevard du Prince de Galles
Auf einem Felsen über dem Meer liegt die Villa Belza, eines der meistfotografiertesten Häuser der Stadt. Um 1900 feierte hier die russische Gesellschaft rauschende Feste. Nach dem Krieg stand der Bau leer, 1974 brannte er aus, danach entstanden darin Luxus-Appartements.

Villa Natacha
110, Rue d'Espagne
Seit seinem Bau 1907 wurde das Haus kaum verändert. Der dazugehörige Park ist öffentlich, und da in der Villa Behörden untergebracht sind, können Neugierige tagsüber einen Blick in die Halle werfen. Das lohnt sich, denn das von außen schlichte, neobaskisch inspirierte Haus, ist innen ein Art-déco-Juwel.

Villa Martine
54, Avenue de l'Impératrice
Beispiel für den Stilmix des Eklektizismus, der in Biarritz um 1900 typisch war: Ein assymetrisches Schloss mit zahllosen Vorbauten und Giebeln.

Villa Etxeverdia
7, Rue d'Haitzart
Eines der ersten Häuser, das im neoregionalistischen Stil gebaut und den baskischen Bauernhäusern nachempfunden wurde, mit rotem Ziegeldach und Fachwerkbalken in Rot und Grün.

Chapelle Impériale
15, Rue des cent gardes
Einziges Bauwerk in Biarritz, das noch aus der Kaiserzeit stammt. Das Innere ist, spanisch-maurisch inspiriert, mit Kacheln dekoriert. Die Brokatbezüge der Sitze sind original.

>> weitere Tipps im Infoteil auf Seite 122

Wanderzirkus der Wellenreiter: Die internationale Surfelite trifft sich zwischen Biarritz und Hossegor

Wettkampf um die beste Welle

Amerikanische Aussteiger waren die Ersten, die bei Biarritz auf ihren Boards balancierten. Heute lebt die Wirtschaft ganzer Orte von Surfwear und Lifestyle, wenn dort die Weltspitze ins Wasser geht

Manchmal werden Märchen wahr. Wenn zum Beispiel ein zwölfjähriges Mädchen zu einem der wichtigsten Surfwettbewerbe der Welt eingeladen wird. Nicht als Zuschauerin, als Teilnehmerin. Der Wettbewerb heißt Rip Curl Pro und findet jedes Jahr im Spätsommer in Hossegor statt. Dann reist die internationale Wellenreiter-Elite an den Atlantik. Und gegen die ganz Großen aus Hawaii und Australien haben die Veranstalter Pauline Ado, 12, aus Hendaye ins Rennen geschickt. Hollywood hätte es kaum besser inszenieren können.

Hossegor ist Frankreichs Surfcity. Der Meeresgrund stürzt jenseits der Sandbänke abrupt in die Tiefe, die Wellen laufen ungebremst auf. Das zieht ambitionierte Wellenreiter an und solche, die sich zumindest mit der lässigen Aura des Sports umgeben wollen. Nirgendwo auf dem alten Kontinent ist das Spiel mit den Wellen so populär wie zwischen Gironde-Mündung und spanischer Grenze. Man trägt Board. Und natürlich die entsprechende Strandmode dazu. Im Ort reihen sich Surfshops aneinander, die längst Lifestyle-Boutiquen sind und Boards allenfalls nebenbei verkaufen.

Der Profiwettbewerb Rip Curl Pro ist Teil des großen WM-Zirkus, der von der Industrie gesponsert um die Welt zieht und überall da Station macht, wo es gute Wellen und viel versprechende Märkte gibt. Von Hossegor aus werden die Stars weiterreisen nach Japan, dann vielleicht zum Billabong Pro in Südafrika oder zum Quiksilver Pro auf den Fidschi-Inseln.

Am Strand von Hossegor ist unter der Regie von Gérard d'Avezac das Surfersvillage entstanden, eine kleine Zeltstadt, die VIP-Bereich und Medienzentrum zugleich ist. „Gégé", wie ihn alle hier nennen, ist Marketingmanager von Rip Curl, Vorsitzender des Surfclubs von Hossegor und Vizepräsident des französischen Surferverbandes. Ein Wellenreiter der ersten Stunde, der sich gut an die Anfänge erinnert: „Es war Ende der sechziger Jahre, da tauchten diese verrückten Amerikaner hier auf und tanzten mit den Wellen. Wir sahen ihnen von morgens bis abends zu. Sie haben uns süchtig gemacht." Die Pioniere waren kalifornische Aussteiger, die auf der Suche nach einsamen Wellen Europa entdeckten. „Als sie weiterzogen, kauften wir ihnen die Boards ab und die abgetragenen Shorts und imitierten ihren Lebensstil", erzählt Gégé, „damals hatten wir das Meer für uns."

Heute ist es draußen auf dem Wasser rappelvoll. Touristen aus Leverkusen oder Lille mühen sich mit dicken Planken. Beim Kampf um die Wellen geht es immer ruppiger zu, halsbrecherische Massenstarts sind normal geworden. Aber Gégé trauert den alten Zeiten nicht nach: „Für das Surfen sind wir weltweit berühmt. Über

600 Leute leben hier davon" – in einem Ort, der im Winter 3000 Einwohner hat.

Surfschulen gibt es überall an der Küste. Meist sind sie auf Campingplätzen angesiedelt, kleine Unternehmen ohne allzu großen Anspruch. Eine Ausnahme ist die Schule in Biarritz, die im Casino an der Promenade residiert. Der Biarritz Boardriders Club, der die Schule betreibt, ist so exklusiv, dass niemand Mitglied werden kann: ein reines Marketinginstrument, mit dem die Firma Quiksilver ihre Artikel verkauft. Allerdings wird hinter der noblen Fassade ernsthaft der Nachwuchs gefördert. „Die Kids von heute haben ein ungeheures Potenzial", sagt Surflehrer Patrice Giraud-Vinet, der sechs Jahre im Profi-Zirkus mitgesurft ist und jetzt in Biarritz junge Talente trainiert. „Die fahren Manöver, die für uns früher unvorstellbar waren."

Der Wettbewerb in Hossegor läuft. Vier Surfer treten gegeneinander an, in dieser Runde: Todd Prestage (Australien), Frederick Patacchia (Hawaii), Tim Curran (USA) – die USA und Hawaii haben getrennte Mannschaften – und Patrick Beven aus Frankreich. 20 Minuten lang werden sie versuchen, so viele Wellen so spektakulär wie möglich zu reiten. Die Punktrichter benoten ihre Ritte, die beiden Besten kommen eine Runde weiter.

Das Drumherum ist bei einem solchen Event fast so wichtig wie der Sport: knappe Bikinis, fette Tattoos, hämmernder Punkrock und rehäugige Beachbeauties in geblümten Sarongs. Aber dies hier ist etwas Besonderes: ein Viertelfinale, an dem noch drei Europäer teilnehmen, zwei Franzosen, ein Spanier. Noch nie bei einem internationalen Wettbewerb sind Wellenreiter vom alten Kontinent so weit gekommen. Das Publikum johlt, pfeift, klatscht, die Stimme des Kommentators überschlägt sich: Patrick Beven ist gestartet. Er treibt sein Board quer über den brechenden Wellenkamm, jedes Manöver des Franzosen wird bejubelt. Dann kommt Tim Curran. Der Amerikaner jagt an der Welle entlang, schießt in die Luft, dreht sich um die eigene Achse, landet genau vor der Welle, surft weiter. Er hebt die Gesetze der Physik auf und stellt die alten Verhältnisse wieder her: Profisurfen ist, wenn Wellenreiter aus aller Welt gegeneinander antreten und am Ende Hawaiianer, Australier oder US-Amerikaner an der Spitze stehen.

Bei den Frauen sind die Hierarchien weniger starr. In der Weltelite surft eine Französin mit: Marie-Pierre Abgral aus Capbreton, einem Ortsteil von Hossegor. Sie ist mit gewaltigem Abstand die beste Wellenreiterin Europas. Ihre ersten Wellen hat sie vor der Küste des Kongo gesurft, wo ihre Eltern lebten. Dann kam sie zum Studieren nach Frankreich, wurde entdeckt und belegte im ersten Wettkampf den dritten Platz. Mittlerweile kann sie vom Surfen leben. „Es geht so gerade", sagt sie. 25 000 US-Dollar Preisgeld werden in Hossegor über die Frauen ausgeschüttet, die Männer kriegen 125 000. „Wir müssen uns mehr anstrengen als die Kerle, warum sollte das beim Surfen anders sein?"

Frauenwettbewerb, zweite Runde, vierter Lauf. Das ist der Moment, auf den alle gewartet haben: Pauline Ado paddelt hinaus, die Zwölfjährige in der Qualifikation zur Weltmeisterschaft. Sie legt sofort los, nimmt gleich die allererste Welle, wendet ihr Board scharf ab – und stürzt. „1,4 Punkte" tönt es aus dem Lautsprecher. Dann startet die Südafrikanerin Heather Clark. Sie erwischt eine lange, sauber brechende Welle, fährt ein radikales Manöver nach dem anderen, 9,43 Punkte – die Bestnote liegt bei zehn. Ein großes Wellenset rollte heran. Clark jagt die Gischt mit ihrem Board in den Himmel. – Bei Pauline ein Fehlstart. Noch zwei Minuten. Sie erwischt eine ordentliche Welle, aber zu spät. Die Schluss-Sirene dröhnt.

Tapfer sagt das Mädchen mit den nassen blonden Haaren, das schüchtern ist und viel zu zart wirkt für diesen Sport, dass es riesigen Spaß gemacht hat und dass es toll war, dabeigewesen zu sein. Hollywood hätte das anders inszeniert. □

Fred Langer *ist freier Journalist in Hamburg und begeisterter Surfer.*

Gewaltiger Atlantik: Extremsurfer vor einer Riesenwelle am Belhara-Riff

MERIAN | INFO

Die höchsten Wellen der Welt wurden lange im Pazifischen Ozean vermutet – bis im März 2003 Bilder einer gigantischen Welle vor Saint-Jean-de-Luz auftauchten. Bei Sturm aus Nordwesten über der Biskaya sorgt das zwei Kilometer vom Festland entfernte Belhara-Riff dafür, dass sich die Wogen an den unterseeischen Felsen brechen und zu bis zu 20 Meter hohen Wellen auftürmen. Rekordhöhen für europäische Surfreviere, die bei Profiwellenreitern aus den USA und Hawaii lange als zweitklassig galten. Aus eigener Kraft kann sich kein Surfer den Monsterwellen nähern, die Extremsportler nützen deshalb die Tow-in-Technik und lassen sich auf Jet-Ski zur Riesenwelle ziehen. Liegt diese zu weit draußen, werden sie vom Hubschrauber aus ins Wasser gelassen.

Das große MERIAN-Gewinnspiel
Unter allen Einsendern verlost MERIAN 50 tolle Gewinne.

MERIAN
Die Lust am Reisen

PREMIUM SHOP

Angebote für Leser

In unserem Premium Shop bieten wir allen Lesern exklusive Highlights: Seltene MERIAN-Ausgaben aus unserem Archiv und einzigartige MERIAN-Sammlerstücke. Zusätzlich erhalten Sie ab einem Bestellwert von 25,00 Euro das „Best of MERIAN" gratis dazu! Für Ihre Bestellungen verwenden Sie den Coupon auf Seite 99.

MERIAN **FAMILY**

WEGWEISEND

MERIAN pcscout

Planen Sie Ihre Reise am PC. Mit über 50.000 Empfehlungen von MERIAN finden Sie in Deutschland, Österreich, der Schweiz, Norditalien und dem Elsass immer das richtige Reiseziel. Inklusive aktuellen Stadtplänen, Routenplaner, 750 Golfplätzen und ADAC Verkehrsinfos. Preis: 25,95 Euro.
Kennwort: PCSCOUT

SPORTLICH

MERIAN-**UHR**

Mit dieser Uhr sind Sie immer am Puls der Zeit: Gehäuse aus gebürstetem Metall, strapazierfähiges Armband in sportlicher Optik. Mit Sekundenzeiger und klassischem blauen Zifferblatt (Durchmesser 3 cm). Die Uhr ist extra in einer praktischen Metallbox verpackt. Preis: 30,00 Euro
Kennwort: MERIAN-Uhr

JUBILÄUMSHEFT

Best of MERIAN

Ein Sammlerstück, das man nicht kaufen kann! Erleben Sie faszinierende Rückblicke in die Geschichte von MERIAN! Opulente Bildstrecken, faszinierende Reisereportagen, kluge und witzige Essays, einfühlsame Stadtporträts und engagierte Sozialfotografie. Blicken Sie hinter die Kulissen: Lesen Sie wie das MERIAN-Magazin entsteht, oder wie sich MERIAN anhand von 654 Titeln im Wandel der Zeit zu Deutschlands großem Reisemagazin entwickelte. Zusätzlich beigelegt ist jedem „Best of MERIAN" eine detallierte Deutschlandkarte im Posterformat von 52 x 73,5 cm. Ab einem Bestellwert von 25,00 Euro erhalten Sie das „Heft der Hefte" kostenlos dazu. Für Ihre Bestellung verwenden Sie bitte die Postkarte auf Seite 99.

Interessante Einblicke für jeden MERIAN-Liebhaber: die Titelparade der letzten 50 Jahre. Dazu ein Blick hinter die Kulissen: wie MERIAN entsteht und wie sich MERIAN verändert hat.

MERIAN-ABONNEMENT

Lust auf ein **Abonnement**

Wenn sie MERIAN abonnieren möchten, erhalten Sie 12 Ausgaben im Jahr für 76,40 Euro (Auslandspreise auf Anfrage) statt 90,00 Euro bei Einzelkauf. Nutzen Sie den Preisvorteil von 15 % und sichern Sie sich Ihr Dankeschön: einen der drei MERIAN *live* Reiseführer. Mit Quickfinder in den Klappen, den Attraktionen jeder Reise auf einen Blick und gewohnt exzellenter MERIAN-Kartografie. Für Ihre Bestellung eines MERIAN-Abonnements verwenden Sie bitte die Postkarten auf Seite 99.

Unser Dankeschön für Ihr Interesse:
Wahlweise die besten Reiseziele Deutschlands, Italiens oder Spaniens. Kompakte Reise-Tipps auf über 550 Seiten

MERIAN-**RARITÄTEN**

Weitere MERIAN-**RARITÄTEN** erhalten Sie auf Anfrage unter Telefon **0 40/87 97 35 40**

Lust auf MERIAN-Geschichte

Für Sammler und Geschichtsliebhaber haben wir unser Archiv geöffnet und offerieren Ihnen hier seltene Kulturschätze aus über 50 Jahren MERIAN. Die Archivexemplare bieten wir nur noch in sehr begrenzter Stückzahl und so lange der Vorrat reicht.

MERIAN MECKLENBURG
1958 **95,00 EUR**

MERIAN SACHSEN
1960 **75,00 EUR**

MERIAN KRETA
1963 **66,00 EUR**

MERIAN KORFU
1965 **60,00 EUR**

MERIAN SÜDAFRIKA
1969 **57,00 EUR**

MERIAN JERUSALEM
1973 **55,00 EUR**

MERIAN HOLLAND
1975 **54,00 EUR**

MERIAN GRAZ
1978 **52,00 EUR**

HISTORISCHE SAMMELSCHUBER MERIAN-Archiv!

Archivieren Sie Ihre MERIAN-Sammlung stilvoll und sicher in den exklusiven MERIAN-Sammelschubern aus Leder oder Leinen! Jeder Schuber bietet Platz für ca. 12 MERIAN-Ausgaben. Preise: Ausführung Leinen 10,00 Euro, Leder 22,00 Euro. **Kennwort: Schuber Leinen / Schuber Leder**

PROGRAMM

AUSWÄHLEN UND BESTELLEN

Lieferbare MERIAN-Titel*

Ägypten
Amsterdam
Andalusien
Australien
Autostadt in Wolfsburg
Baden-Württemberg
Bali
Baltikum
Barcelona
Berlin
Brasilien
Bretagne
Budapest
Burgund
Burma-Myanmar
Chicago
Chile – Patagonien
China: Shanghai und der Süden
Chinas Norden
Cote d'Azur
Das neue Ruhrgebiet
Dominikanische Republik
Dresden
Elsass
Emilia Romagna
Florenz
Florida
Frankfurt
Franz. Atlantikküste
Gardasee
Hamburg
Indiens Norden
Indiens Süden
Irland
Island
Istanbul
Japan
Jemen–Oman–VAE
Jerusalem
Kalifornien
Kanadas Osten
Kanalinseln
Kanarische Inseln
Köln
Krakau
Kreta
Kroatien
Kuba
Ligurien
Loire
London
Madrid
Mallorca
Marokko
Mauritius
Mecklenburg-Vorpommern
Mexiko
Moskau
MS Europa
München
Namibia
Neapel / Amalfi-Küste
Neuseeland
New York
Norwegen
Oberbayern
Paris
Piemont–Turin
Portugal
Prag
Provence
Rom
Sardinien
Schottland
Schweden
Schweiz
Shanghai
Sizilien
Spaniens Norden
Steiermark
Südafrika
Südengland
Südtirol
Sylt
Syrien–Libanon
Tessin
Thailand
Tirol
Toskana
Tunesien
Umbrien
USA: Die Südstaaten
USA: Neuengland
Venedig
Verona und Gardasee
Vietnam–Laos–Kambodscha
Weimar
Wien

MERIAN

PREMIUM SHOP

Viele der Ausgaben von MERIAN sind in begrenzter Stückzahl noch verfügbar! Die jüngst erschienenen MERIAN-Titel (siehe Programm-Auflistung, links) kosten 7,50 Euro inkl. Porto und Versand (innerhalb Deutschlands). Bestellen Sie mit der gegenüberliegenden Postkarte oder im Internet unter www.merian.de. Außerdem erhalten Sie das lieferbare Programm von MERIAN in jeder gut sortierten Buchhandlung und solange der Vorrat reicht.

SAMMELSCHUBER

MERIAN-Archiv!

Archivieren Sie Ihre MERIAN-Ausgaben in dem modernen MERIAN-Sammelschuber aus Acryl! Jeder Schuber bietet Platz für ca. 12 MERIAN-Magazine. Preis: 16,00 Euro. **Kennwort: Schuber Acryl**

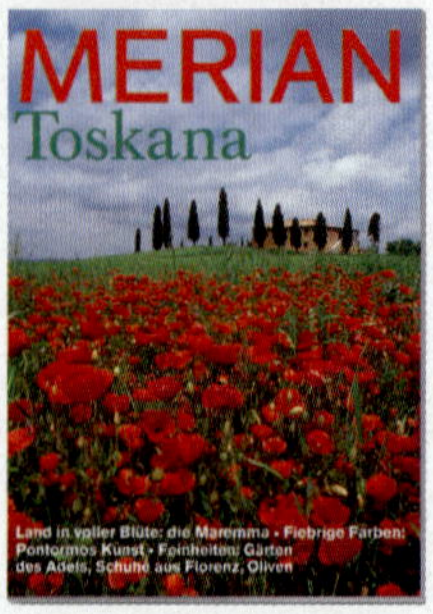

* Das lieferbare Programm umfasst alle jüngst erschienenen Ausgaben von MERIAN. Raritäten auf Anfrage: Telefon 040/87 97 35 40

VERLOSUNG

DAS GROSSE **MERIAN-GEWINNSPIEL**

Unter allen Einsendern verlost MERIAN 50 tolle Gewinne. Einfach nebenstehende Postkarte ausfüllen. Viel Glück!

1. PREIS
FLOS-LEUCHTE ROSY ANGELIS
Die Standleuchte „Rosy Angelis“ vom Stardesigner Philipp Starck ist eine moderne Interpretation der traditionellen Stilleuchten. Höhe: ca. 185 cm

2.–10. PREIS
je ein MERIAN-Jahresabo frei Haus.

11.–50. PREIS
je ein MERIAN-Diary 2004 – der Jahreskalender von MERIAN.

Die Lust am Reisen

MERIAN
PREMIUM SHOP

WETTERFEST
WINDBREAKER

Der klassisch blaue Windbreaker trotzt Wind und Wetter, ist aber angenehm leicht und durch den großzügigen Schnitt sehr bequem zu tragen.
Universalgröße: Large
Preis: 39,90 Euro
Kennwort: Windbreaker

Bitte freimachen falls Marke zur Hand. Oder bestellen Sie per Fax: **040/27172079**

ANTWORT

MERIAN
Premium Shop
Postfach 60 12 20

D-22212 Hamburg

Die Lust am Reisen

MERIAN
ABONNEMENT

Wenn sie MERIAN abonnieren möchten, sichern Sie sich Ihr Dankeschön: einen der drei MERIAN *live* Reiseführer. Mit Quickfinder in den Klappen, den Attraktionen jeder Reise auf einen Blick und gewohnt exzellenter MERIAN Kartografie.

Wunschtitel bitte ankreuzen:
- ☐ **Deutschland**
- ☐ **Italien**
- ☐ **Spanien**

Bitte freimachen falls Marke zur Hand. Oder senden Sie per Fax an: **040/27172079**

ANTWORT

MERIAN
Leserservice
Postfach 60 12 20

D-22212 Hamburg

Ich möchte bestellen.
Bitte liefern Sie die Produkte an folgende Adresse:

Name / Vorname des Bestellers

Straße / Haus-Nr.

PLZ / Ort

Tel.-Nr. / E-Mail

Datum / Unterschrift ME 03-2004

Rechnung abwarten – bitte keine Vorauszahlung leisten.
Die Lieferung erfolgt, innerhalb Deutschlands, porto- und versandkostenfrei. Auslandslieferungen auf Anfrage.

☐ **Ich möchte am MERIAN-Gewinnspiel teilnehmen. Die Teilnahme ist unabhängig von einer Bestellung.** **Einsendeschluss ist der 27.03.2004**

☐ **Mit der Zusendung von Informationsmaterial bin ich einverstanden.**

☐ **Ich habe den Bestellwert von 25,– Euro erreicht und erhalte „Best of MERIAN" als Dankeschön dazu.**

Mitarbeiter/Innen des JAHRESZEITEN VERLAGS und deren Angehörige dürfen an der Verlosung nicht teilnehmen. Der Rechtsweg ist ausgeschlossen. Eine Barauszahlung der Gewinne ist ausgeschlossen.

Bitte tragen Sie hier die Kennwörter, Anzahl und Preise ein:

Kennwort	Anzahl	Einzelpreis (Euro)	Gesamtpreis (Euro)
Summe			

Ein MERIAN-Abonnement bietet Vorteile:

1. 15% Preisvorteil
Sie erhalten 12 Ausgaben zum Vorzugspreis von 76,40 Euro statt 90,00 Euro.

2. Service
Sie erhalten jede MERIAN-Ausgabe pünktlich frei Haus. Porto und Verpackung zahlen wir für Sie.

3. Vertrauensgarantie
Eine Bestellung wird erst wirksam, wenn sie nicht binnen 14 Tagen schriftlich beim MERIAN-Leserservice, Postfach 60 12 20, 22212 Hamburg, widerrufen wird. Zur Wahrung der Frist genügt die rechtzeitige Absendung des Widerrufs.

4. Geld-zurück-Garantie
Sie können Ihr Abonnement jederzeit kündigen und erhalten für gezahlte und noch nicht gelieferte Hefte natürlich Ihr Geld zurück.

Die Lust am Reisen

MERIAN
GUTSCHEIN

Lust auf Reisen?

MERIAN präsentiert zwölfmal jährlich ein lebensnahes und facettenreiches Porträt einer Stadt, einer Region oder eines Landes auf höchstem Niveau. Mit dem monatlich erscheinenden Magazin MERIAN erleben Sie einzigartige Bilder und packende Reportagen.

Das ist ein Geschenk für:

____

Die nächsten 12 Ausgaben sind ein Geschenk von:

____

Die Lieferung beginnt, sobald die unten stehende Abo-Postkarte ausgefüllt an den MERIAN Leserservice, Postfach 60 12 20, 22212 Hamburg eingegangen ist.

Bestellen Sie einfach und bequem per

MERIAN-Leserservice
Postfach 60 12 20
22212 Hamburg

040 / 87 97 35 40

040 / 27 17 20 79

www.merian.de

☐ **Ich abonniere MERIAN für mich selbst.**
☐ **Ich möchte ein MERIAN-Abonnement verschenken.**

Name / Vorname des Beschenkten

Straße / Haus-Nr. / PLZ / Ort

Tel.-Nr. / E-Mail

Die Rechnung und das umseitig angekreuzte Dankeschön gehen an: (Adresse bitte unten eintragen). Der Jahres-Abo-Preis für 12 Ausgaben MERIAN beträgt 76,40 Euro frei Haus (innerhalb Deutschlands; Auslandspreise auf Anfrage).

Name / Vorname des Bestellers

Straße / Haus-Nr. / PLZ / Ort

Tel.-Nr. / E-Mail

Gewünschte Zahlungsweise bitte ankreuzen:
☐ **Gegen Rechnung** (Bitte keine Vorauszahlung leisten) ☐ **Bankeinzug** (Bequem und bargeldlos)

Bankleitzahl Kontonummer

Geldinstitut

Datum / 1. Unterschrift

Vertrauensgarantie: Die Bestellung wird erst wirksam, wenn sie nicht binnen zwei Wochen schriftlich beim MERIAN-Leserservice, Postfach 60 12 20, 22212 Hamburg, widerrufen wird. Zur Wahrung der Frist genügt die rechtzeitige Absendung des Widerrufs. Dieses Angebot gilt nur in der Bundesrepublik Deutschland und solange der Vorrat reicht. Das Dankeschön darf ich auch bei Widerruf behalten. Die Kenntnisnahme dieser Hinweise bestätige ich durch meine zweite Unterschrift:

Datum / 2. Unterschrift ME 03/04-21xxx, 21xxx

www.merian.de
Tausende von Reisezielen, Eventkalender, Reportagen, Tipps & Empfehlungen und weitere exklusive Angebote im MERIAN Premium Shop

Die Dordogne gilt als Inbegriff des französischen Idylls. Und das liebt niemand mehr als die Briten, die sich hier zu Tausenden niederlassen. Ihr Traum: weg von der Insel in eine

schöne neue Heimat

Text: Tom Schimmeck

Romantisch liegt La Roque-Gageac am Ufer der Dordogne. Mit Liebe werden baufällige Häuser von englischen Einwanderern saniert

Foto: Giovanni Simeone

Rüstzeug fürs Geschäft: In der Rue St-Louis in Périgueux wirbt vor dem ältesten Haus der Stadt eine Rüstung für stilvolle Interieurs

Wer hierher zieht, sucht Ruhe und eine **Welt wie im Märchen**

Zu Hause in La Barbinie, schreibt der Franzose Elie Robert-Nicoud (o.) alias Louis Sanders Krimis über die Engländer in der Dordogne. Seine englische Frau ist die beste Informantin

Der Blick aus dem Küchenfenster ist traumhaft. Blauer Himmel, Sonnenschein, auf sanft geschwungenen grünen Hügeln reift in Reih und Glied der Wein. Die Luft ist würzig. Vögel singen. Nur die Kühltruhe brummt etwas störend. Valerie Austin stellt eine Flasche Roten auf den Tisch, gewachsen unter diesem Fenster. „Château La Garrigue“, ein gerader, guter Bergerac. In der Scheune harren die Tanks und Pressen des nächsten Ernteeinsatzes. Die Trauben hängen schon fett. Ein französisches Idyll hier in Saussignac im Süden der Dordogne. Nur dass die Austins waschechte Briten sind.

Zuvor lebten sie in Sussex. Bis Derek, von Beruf Elektroniker, mit 40 Jahren arbeitslos wurde. Anfangs war es ein Schock. Dann keimte die Idee, einen Neuanfang zu wagen. Die Austins entschlossen sich, Winzer zu werden und belegten Kurse an der Landwirtschaftsschule – in Sussex wird tatsächlich ein wenig Wein angebaut. Schließlich kamen sie hierher, sahen und kauften das Zehn-Hektar-Gut, für einen Spottpreis – an britischen Verhältnissen gemessen. Der Anfang war schwer. Was sollten die Nachbarn denken über zwei Briten, die hier Trauben pressen? Klar, dass die nur darauf warteten, dass die Austins etwas falsch machen. Ihr Schulwissen erschien ihnen plötzlich dürftig und unnütz, sie warfen ihre Lehrbücher weg, lernten am Hang noch einmal neu.

Valerie Austin kredenzt die Spezialität des Hauses, den Saussignac: einen feinen, süßen Dessertwein, der von Hand geerntet und sehr kalt getrunken werden will. Den rühmte schon Rabelais. „Im ersten Jahr waren wir so allein“, erzählt Valerie. Bis eines Tages der erste Nachbar herüberkam, ein alter Winzer, der ihr lange auf die Finger geschaut hatte. „Madame, Ihr Schnitt ist hervorragend“, murmelte er. Seither geht es aufwärts.

Heute sind die Austins Teil der über die Hügel verstreuten 420-Seelen-Gemeinschaft, werden zu Picknicks eingeladen, organisieren Dorffeste. Sie mögen den Lebensstil, das langsamere Tempo, dieses entscheidende Mehr an Zeit für sich und andere. „Frankreich ist ein Familienland“, die zwei Söhne seien schon „fast Franzosen“, sagt Mister Austin. „Sie sitzen und sitzen und essen und essen, die Franzosen. Die Briten essen, um zu leben, Franzosen leben fürs Essen.“ Und alle verstünden etwas vom Wein. Davor haben sie einen „Riesenrespekt“.

Die Austins sind nicht allein. Andere Winzer hier hören auf so unfranzösische Namen wie Baxter, Ryman, Atkinson oder Doughty. Überall in der Dordogne trifft man auf Briten – Arbeitende und Ruheständler, Singles und Familien. Als Pioniere kamen in den sechziger Jahren die Künstler, gefolgt vom gehobenen Bürgertum und schließlich, seit gut 20 Jahren, von vielen anderen auch.

Sie kaufen kleine Scheunen, auch ganze Schlösser. Und all die romantischen Ruinen, die kein Franzose mehr haben will. Sie klopfen mit Hingabe den alten Kalkstein frei und kreieren ihr neues *Home sweet home*. Nur die Satellitenschale auf dem Dach, die das englische Fernsehen einfängt, stört die Ästhetik ein wenig.

An Zementmischer und Sat-Schüssel erkennt man den Neuling von der Insel recht zuverlässig. Auf gut 100 000 wird die Zahl der Engländer geschätzt, das sind mehr als ein Viertel der Bevölkerung. In manch kleinem Ort haben die Briten bereits die Mehrheit. Sozio-

In Eymet bricht man gern die eine oder andere Lanze für die Geschichte: Ritterspiele sind bei Briten wie bei Franzosen beliebt

In alten Wehrdörfern ist noch immer das **Mittelalter lebendig**

logen erforschen schon das Phänomen, und Spaßvögel nennen das Departement längst „Dordogneshire".

Dabei wird gerade das Périgord gern als französisches Kernland verklärt: „la France profonde". Hier läuft die Ente herum, wächst die Trüffel, wird die Gans gestopft. Von Bergerac Richtung Bordeaux gedeiht viel guter Wein. Einst war die Region englisches Hoheitsgebiet. Mitte des 12. Jahrhunderts kam Aquitanien durch Heirat zu England. Edward III. war im 14. Jahrhundert zugleich König von England und Herzog von Aquitanien. Überdies beanspruchte er qua Erbfolge auch den französischen Königstitel, was sich aber nicht durchsetzen ließ. Der Streit um den Südwesten weitete sich aus zum Hundertjährigen Krieg. Erst am 17. Juli 1453 kam es in Castillon zur finalen Niederlage der Engländer. Die Region wurde unterworfen, verlor alle Privilegien. Selbst der Weinhandel mit dem Feind war verboten.

Im zähen Ringen um die Vorherrschaft errichteten beide Seiten Bastiden, Wehrdörfer mit steinschwerer Trutzarchitektur, streng rechtwinklig angelegt. Franzosen wie Engländer wurden dort als lebende Grenzbefestigung angesiedelt. Oft flogen Felsbrocken und brennende Pfeile über die Mauern. Es war ein raues Leben.

Eymet, knapp eine halbe Autostunde südlich von Bergerac, ist solch ein Bastidenstädtchen, mit einem von Arkaden gesäumten Marktplatz und einem plätschernden Flüsschen namens Dropt. Die Franzosen gründeten die kleine Bastion anno 1270. Nun übernehmen die Briten. Rund um das Marktkarree sind englische Laute unüberhörbar. Ein britischer Weinhändler und ein Makler haben sich niedergelassen, auch ein Computerexperte. Ein gemischtes Paar betreibt „Le Pub", sehr beliebt bei den „Expats" von der Insel.

Um die Ecke, in der Rue du Temple, verkauft die „Fine Arts Gallery" Kunst, und wenige Schritte weiter residiert das Prunkstück der britischen Präsenz am Ort: „The English Shop", ein kleiner Laden mit großen Vorräten an Ale, Bacon, Cheddar Cheese, Ingwermarmelade und Mint Jelly, Hotdog-Würstchen und Chicken & Curry-Pie in Dosen. Dazu englische Videos. Die gute Nachricht steht groß ins Fenster geschrieben: „*British beer just arrived*".

Vor allem aber, sagt Inhaberin Susan Beckerman, sei der Laden ein „*problem house*", wo dem ahnungslosen, sprachunkundigen Insel-Flüchtling die Nummer eines Klempners, Elektrikers oder „*garden doctors*" vermittelt werde, auch eine Hundehütte oder ein Auto mit Steuerrad rechts.

Sie selbst, erzählt die resolute Frau, hatte eines Tages die Nase sehr voll von Britannia, vom Verkehr, vom Verbrechen, vom Gesundheitswesen und „dem ganzen Ambiente". Da rammte sie blind eine Nadel in die Frankreichkarte und stieß auf Eymet, griff ihren Gatten und zog dorthin. Dass hier so viele Landsleute ansässig sind, will sie erst vor Ort bemerkt haben.

Das Paar ist sehr angetan von der neuen Heimat. „Absolut exzellent" seien die Franzosen, erklärt Ehemann Michael. Ganz im Gegensatz zum Londoner Eastend sei die Gegend „sauber, höflich, sicher". Hier, im Süd-

Schauspiel vor Originalkulisse: Auf dem arkadengesäumten Marktplatz ruft das Bastidenstädtchen die eigene Vergangenheit wach

Für manche Briten ist die Dordogne **Teil des Empire**

westen, seufzt er zufrieden, sei alles goldrichtig. Klein, ruhig und langsam. Und außerdem, setzt er hinzu, „sind wir Briten ja gut darin, uns in aller Welt niederzulassen".

Die Franzosen, diese „Froggies", mögen ja der Erbfeind sein, aber sie haben Stil. Und das Preisgefälle ist enorm. Die Beute für ein im heimischen Königreich veräußertes Reihenhaus genügt hier, um ein süßes Schlösschen zu ergattern. Zudem ist die grüne Hügellandschaft der Dordogne Good Old England gar nicht so fremd. Hier kann man ein Dasein fristen, das auf der Insel lange verloren scheint: Gesellschaften geben und feudal über Golf und Garten reden.

So füllen sich die Telefonbücher mit Smiths, Millers und Martins. Es gibt mehrere Cricket Clubs, eine Music and Drama Society, die Dordogne Gentlemen's Society, die sich DOGS abkürzt, einen dazu passenden Ladies' Club und sogar eine britische Bluesband namens „Delirium tremens". Am Trafalgar Day kommt der britische Konsul aus Bordeaux. Gewiss, man darf die Briten nicht über einen Kamm scheren. Da sind die Sommerfrischler, die täglich von London-Stansted und Southampton kommend per Billigflieger auf dem Flughafen Bergerac einfallen. Eine Dame sitzt in der winzigen Ankunftshalle, rührt in ihrer Tasse, fischt ihr Mobiltelefon aus der Tasche und flötet: „Darling, ich bin in Bergerac und trinke meinen ersten echten Kaffee."

Da sind andererseits eher kolonialen Gestalten, schon lange hier und doch nie angekommen. Sie treten nach der Devise auf: Wenn man nur laut genug Englisch redet, wird der Franzose es schon verstehen. „Die glauben, dies hier sei Teil des Empire," meint Mister Beckerman. Gewisse Briten verkünden stolz, dass sie kein Wort Französisch verstünden. Und nach dem dritten Glas Rotwein lamentieren sie: „Niemand mag uns."

Es gibt aber auch die Superfranzosen-Engländer, die stöhnen: „Ist es nicht schrecklich hier, so voller Engländer?" Das Gros der Zugereisten aber wirkt solide. Es sind Genießer mit Wagemut und gutem Humor. Auszogen, um ihr Glück zu finden. Geblieben, weil sie Land und Leute lieben.

Für junge französische Familien dagegen rückt das Häuschen auf dem Lande oft in unerreichbare Ferne, die große Nachfrage der Briten treibt die Preise in die Höhe. Einigen wird die Heimat vor lauter Engländern fremd. Einmal kam der Rechtsradikalen-Führer Jean-Marie Le Pen nach Bergerac, erzählt David Reed, ein Amerikaner, der im ältesten Haus von Bergerac ein schmuckes Bed and Breakfast betreibt. „Alle Briten raus aus der Dordogne", brüllte Le Pen. „Der Beifall", sagt Reed, „war beträchtlich".

Die Dordogne erlebt, so findet selbst der Londoner *Observer,* „eine der größten Invasionen seit der Besetzung durch britische Truppen im 14. Jahrhundert". Aber doch eine sehr friedliche, muss man einwenden. Die Geschäftsleute, die hier von Hotels, Restaurants und Antiquitäten leben, sind ganz verzückt von dem Zustrom. Die Bauern verkaufen ihre hübschen Trümmer gern für gutes Geld. Manche Dorfschule überlebt nur dank britischer Kinder.

MERIAN | INFO Mittelalterliche Bastiden

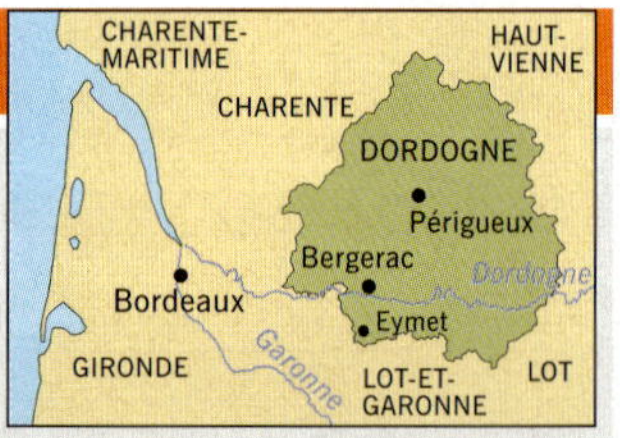

Der **Südwesten Frankreichs** war im Mittelalter immer wieder Schauplatz von Kämpfen und Scharmützeln. Nach der Heirat von Eleonore von Aquitanien mit Heinrich Plantagenet, dem späteren Heinrich II. von England, entstand 1154 das Angevinische Großreich, das Aquitanien, die Normandie und England vereinigte. Immer wieder kam es danach zu französisch-englischen Auseinandersetzungen, die 1337 in den Hundertjährigen Krieg mündeten. Um die eigenen Stellungen abzusichern, ließen Engländer und Franzosen befestigte **Wehrdörfer,** so genannte **Bastiden,** in Aquitanien errichten. Adelige und Kirchenfürsten legten diese Städtchen im 13. und 14. Jh. nach antikem Vorbild an. Ihr zumeist rechteckiger Grundriss war schachbrettartig unterteilt und mit einer Wehrmauer gesäumt. Einer der bedeutenden Gründer war Alphons von Poitiers, Graf von Toulouse (1249-1271), er legte den Grundstein für **Eymet.** Im Verlauf des Hundertjährigen Krieges (1337-1453) nutzten die Kriegsparteien **rund 300 befestigte Dörfer** und Städtchen zwischen der Dordogne und den Pyrenäen als Stützpunkte. Sowohl das englische als auch das französische Königshaus lockten Siedler mit Steuerprivilegien und anderen Vergünstigungen in das umkämpfte Grenzgebiet und verpflichteten sie im Gegenzug zu seiner Verteidigung. Wohnraum in den Bastiden war im Mittelalter äußerst begehrt, handelte es sich doch für damalige Verhältnisse um hochmoderne Wohnanlagen mit viel Platz, Licht und guter Infrastruktur: nämlich einen von Arkaden und Läden gesäumten Marktplatz.

Auch in der Nähe von Bordeaux sind einige Bastiden zu erkunden, unter anderem **Blasimon, Créon, Pellegrue** und **Monségur**. Die ehemaligen Wehrdörfer Libourne und Sainte-Foy-la-Grande sind längst zu modernen Städten herangewachsen, dagegen haben Orte wie **Cadillac** und **Sauveterre-de-Guyenne** bis heute viel von ihrer typischen Bastidenarchitektur erhalten.

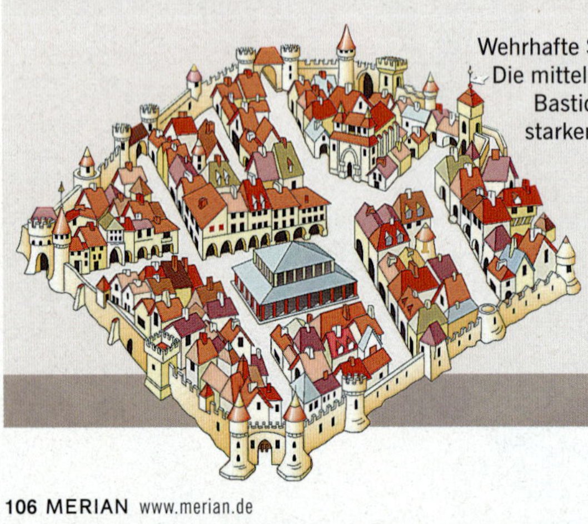

Wehrhafte Siedlung: Die mittelalterliche Bastide ist von starken Mauern gesäumt

„Die Franzosen sind wunderbar zu uns“, sagt Sue Blomley, die mit ihrem Mann außerhalb von Eymet in einer Villa mit Pool, Terrasse und Weitblick über das Tal lebt. Vor 30 Jahren kam das Paar mit vier Kindern plus Campingausrüstung. Am zweiten Morgen wurde ihnen klar: Hier könnten wir leben. Seither hat sie nie ein böses Wort gehört. Und Mrs. Blomley lebt wahrlich nicht zurückgezogen. Sie veranstaltet Stickkurse, singt im stimmstarken Kirchenchor, wirkt als Schatzmeisterin des Cricket Club Eymet und als Präsidentin der Anglo-French Association. Der Freundschaftsverein hat 120 Mitglieder, gut die Hälfte sind Engländer. Sie kennt fast jeden hier.

Von ihrer Terrasse aus sieht man das Cricketfeld von Eymet, Spielbetrieb von Ende April bis Mitte September. Die Männer spielen, die Ladies machen Tee, und ein Dutzend Leute schaut zu. Der Verein sei pur britisch, sagt Mrs. Blomley, aber sonst mische man sich ja gern. Sie hat schon bei drei englisch-französischen Hochzeiten gesungen, und die Weihnachtslieder auf dem Markt werden sowieso zweisprachig intoniert. Jeden zweiten Sonntag kommt ein Pastor aus Bordeaux, um in einer nicht mehr genutzten katholischen Kirche den anglikanischen Gottesdienst zu halten.

Schön, diese Welt. Ganz heil aber darf sie wohl nicht sein. Schon gibt es eine herrlich düstere Krimi-Serie über die Dordogne-Briten.

Der Erstling von 1999 hieß „Février“, auf Englisch: „Death in the Dordogne“. Mehrere Fortsetzungen folgten. „Er schreibt über uns“, meldet das Briten-Blatt *French News* leicht schockiert, „aber auf Französisch!“

Der Autor – Pseudonym: Louis Sanders – lebt am Tatort. Ein Franzose, der in England studiert hat und dort auch seine Frau fand. Lustvoll entwirft er das derbe Antibild zum Leben-wie-Gott-in-Frankreich-Klischee, malt morbide Winterszenen, kalt, klamm und schauerlich, bevölkert von Alkoholikern, Psychopathen und Hypochondern. Unter einer dicken Schicht Paranoia lauert die Komik. „Manchmal“, sagt der Schriftsteller, „erinnert mich das hier an Faulkner“.

Der literarische Tatort heißt La Berthonie, der wahre Wohnort La Barbinie – uralt, wunderschön, verwunschen. Der Dichter, 40, öffnet ein knarzendes Tor, Bulldogge Charlie bellt. Sanders kredenzt Kaffee, kann trefflich böse sein. Die Briten, meint er, erschaffen sich in der Dordogne neu. „Hier wird der Butler zu Lord Tiddlington höchstpersönlich. Das ist wie früher in den Kolonien.“

Woher er das weiß? Er hat jahrelang zugeguckt. Der Pferdehändler hat ihm viel erzählt und gezeigt, der Doktor auch. Und eine gute Freundin, die hier geboren wurde. Im Grunde seines Herzens aber ist er anglophil, spricht gut von dem netten englischen Anwalt, der gewiss zum Bürgermeister gewählt würde, wenn er nur wollte. Sein Blick für die Franzosen ist nicht minder scharf: „Hier ist man ein Fremder, wenn man 20 Kilometer entfernt geboren wurde“, sagt Sanders. „Eigentlich hassen sie hier nicht die Briten, sondern die Pariser, mehr noch die Nachbarn in der Charente. Man hasst immer die Leute, die einem am nächsten sind.“ □

Aus Sussex nach Saussignac: Valerie und Derek Austin wagten als Winzer den Neuanfang

Noch glücklich und lebendig: Die Gänse des Périgord sind berühmt für ihre zarte Brust

Doppelte Früh
Das neue Heft plus Extra
zuhause wohnen
D 2,90 € A 3,30 € CH 5,80 sfr
Heft 3/März
mit Silvia und Johann Lafer
SERIE
„Zu Hause bei…"
Starfriseurin Marlies Möller*
*Plus: 50 Pflegesets zu gewinnen
Design & Wellness
Schönheitskur fürs Bad
Grosse Wohnberatung
•Ecken geschickt nutzen
•Trend-Look Edelstahl
Tapeten – Einrichten mit persönlicher Note
Frühlingsgefühle Die schönsten Ideen für
Balkon & Garten
HOTELS zum Wohlfühlen
55 Top-Adressen
+88 Seiten Extra-Heft
Hotels zum Wohlfühlen
Top-Adressen in Deutschland, der Schweiz und Österreich
+ Großes Gewinnspiel
+ Exklusiv-Urlaubsangebote mit Preisvorteil
2 Hefte zum Preis von 1
8

ingsfreude!
„Hotels zum Wohlfühlen“
zuhause wohnen
Endlich überall zu Hause
März 2004
HOTELS
zum Wohlfühlen
Von ZuhauseWohnen empfohlen:
55 Top-Adressen
in Deutschland, der Schweiz und Österreich
2 Hefte zum Preis von 1
entspannte Atmosphäre
traumhaftes Wohnambiente
individuell und gemütlich
Plus: Großes Gewinnspiel und Urlaubsangebote mit Preisvorteil
Jetzt neu im Handel
mit Extra-Heft für nur 2,90 Euro oder zu bestellen unter: 040/87973540
zuhause wohnen

MERIAN-Top Ten

Was Sie unbedingt sehen, unternehmen und erfahren sollten:

1. **Dune du Pilat** Höchste Wanderdüne Europas, Sand soweit das Auge reicht. Spektakuläre Aussicht auf das Becken von Arcachon, Cap Ferret und endlose Kiefernwälder. (B 8)
2. **Biarritz** Mondäner Badeort der Belle Époque, der nichts von seinem Flair verloren hat. Treffpunkt der Surfer. (A 11)
3. **Médoc** Hier wachsen die teuersten und besten Weine. Auf der Route des Vins von Château zu Château und hier und da einen Weinkeller besuchen. (B/C 5/6)
4. **Saint-Émilion** Durch mittelalterliche Gassen schlendern, die größte unterirdische Kirche Frankreichs besichtigen und vom Tour du Roi den Blick auf die Weinberge genießen. (D/E 7)
5. **La Rochelle** Hafenstadt mit langer Geschichte und dem größten Yachthafen der französischen Atlantikküste. In den Cafés am Alten Hafen den Sonnenuntergang beobachten. (B 2)
6. **Bordeaux** Hauptstadt der Region Aquitanien und die Welthauptstadt des Weins. (C/D 7)
7. **Île d'Oléron und Île de Ré** Kleine Dörfer mit Postkartenhäfen. Schöne Strände und viele Fahrradwege locken auf die beiden größten Inseln vor der Atlantikküste. (B 2/3)
8. **Marais Poitevin** Mit Kahn oder Kanu das üppig-grüne Kanallabyrinth im Hinterland von La Rochelle erkunden. (C 1/2)
9. **Grotte de Lascaux** Auch Experten können die prähistorischen Malereien von Lascaux II kaum vom Original unterscheiden. Höchstes Lob für die Kopie der „ersten Sixtinischen Kapelle" der Menschheit. (G 6)
10. **Corniche Basque** Von St. Jean-de-Luz zur spanischen Grenze an der wilden Küste entlang. Kleine Straße mit großer Aussicht. (A 12)

Frankreich von seiner schönsten Seite

Aktivferien, Kulturreise, Gourmet-Urlaub? – An der Atlantikküste zwischen La Rochelle und Biarritz lässt sich alles auf einmal erleben

Stellen Sie sich vor, Sie gönnen sich zwei Wochen Urlaub an der Atlantikküste. Allerdings nicht in diesem oder nächsten Sommer, sondern vor rund 700 Jahren. Zugegeben, ein schlechtes Timing: Zwischen 1337 und 1453 tobt der Hundertjährige Krieg in vielen Gebieten des reichen Aquitanien. Schlachten und Scharmützel sind an der Tagesordnung, wehrhafte Bastiden entstehen, und die Schlösser wechseln je nach Kriegsverlauf im Wochentakt die Herren. 300 Jahre war Aquitanien unter britischer Hoheit, bis es die Franzosen 1453 zurückeroberten. Und deutlicher als man glaubt, prägt die britische Vergangenheit Frankreichs Südwesten bis heute.

Zum Beispiel Bordeaux: Schon seit der Römerzeit verdient die Stadt an guten Weinen, unter britischer Herrschaft wurde der Rebensaft in Massen nach England verschifft. Eine ähnliche Blütezeit erlebte die Stadt erst wieder in ihrem goldenen 18. Jahrhundert, als sie zu den wichtigsten Häfen der Welt aufstieg. Ein Hang zu britischem Understatement zeichnet Bordeaux immer noch aus, ebenso wie eine Vorliebe für englische Vornamen und britische Pünktlichkeit. Es wird sogar behauptet, vornehme Bordelesen sprächen Französisch noch heute mit britischem Akzent.

Fernab der Hauptstadt des Südwestens hat die Küste viele Gesichter. Der Aktivurlauber kommt an den 250 Kilometer langen Sandstränden zwischen der Spitze des Médoc und der wilden baskischen Küste auf jeden Fall auf seine Kosten, gleich, ob er am liebsten surft, schwimmt, radelt, wandert, Golf spielt oder Kanu fährt. Wem eher an Chic und Eleganz gelegen ist, der sollte das mondäne Biarritz besuchen, schon seit der Belle Époque tummeln sich hier die Reichen und Schönen aus Adel und großer Welt. Kulturreisende finden Spuren vieler Zeiten: Die Höhlenmalereien im Périgord zählen zu den weltweit bedeutendsten Relikten der Vorgeschichte; beeindruckende romanische Kirchen durchziehen die Gegend um Saintes. Im alten Hafen von La Rochelle kann man sich leicht vorstellen, wie die Schiffe des französischen Königs die reiche Hugenottenstadt 1627/28 belagerten und aushungerten. Doch das ist Geschichte. Kein Reisender muss heute an der Küste Hunger leiden. Im Gegenteil, die Regionen Aquitaniens präsentieren viele delikate Spezialitäten. Nirgendwo sind die Austern frischer als auf der Île d'Oléron oder am Bassin d'Arcachon. Im Baskenland würzt intensiver Piment das *poulet basquaise* und bei Trüffeln aus dem Périgord läuft selbst verwöhnten Franzosen das Wasser im Mund zusammen. Zum Gourmet-Urlaub wird eine Reise an der Küste deshalb von ganz allein.

Autoren des Service-Magazins: Christian Nowak und Rasso Knoller

Ruhige See ist in der Bucht von Biarritz selten. Die baskische Küste zählt zu den beliebtesten Surfrevieren Europas

ANREISE

Mit dem Auto
In der Regel erreichen deutsche Reisende ihr Urlaubsziel am schnellsten via Paris und von dort weiter auf der A10 über Tours und Poitiers nach La Rochelle bzw. Bordeaux. Für Autofahrer aus dem äußersten Süden bzw. Südwesten Deutschlands ist die Fahrt über Lyon kürzer.

Mit der Bahn
Von Paris (Montparnasse) benötigt der Hochgeschwindigkeitszug TGV drei Stunden nach Bordeaux (Reservierungspflicht). Im Sommer verkehren von Hamburg, Hildesheim, Düsseldorf und Neu-Isenburg bei Frankfurt Autoreisezüge nach Narbonne (westliches Mittelmeer), von dort ca. 400 km bis Bordeaux.
www.bahn.de
www.autozug.de

Mit dem Flugzeug
Linienflüge nach Bordeaux meistens über Paris. Weitere Flughäfen in der Region sind Biarritz, La Rochelle, Lourdes, Nantes und Pau.
www.airfrance.de
www.lufthansa.de

Mit dem Bus
In der Sommersaison Abfahrt von vielen deutschen Städten.
www.deutsche-touring.com
www.eurolines.com

AKTUELLE INFORMATIONEN

Telefon
Beim Telefonieren innerhalb Frankreichs auch bei Ortsgesprächen die zehnstellige Nummer wählen. Die ersten beiden Ziffern stehen für die Region (05 steht für Südwestfrankreich). Gespräche von Deutschland nach Frankreich: Landesvorwahl 0033, dann die üblicherweise folgende Null weglassen. Beim Telefonieren von Frankreich nach Deutschland 0049 + Ortsnetznummer ohne Null + Teilnehmernummer.
Notruf:
Feuerwehr: 18
Polizei: 17

REISEZEIT
Im August (und teilweise auch schon im Juli) macht ganz Frankreich Urlaub. Fast alle Orte an der Küste sind dann ausgebucht, die Preise ziehen an und einsame Strände sind nicht mehr zu finden. Eine gute Alternative für einen Badeurlaub sind Juni und September, dann ist das Wetter noch fast genauso gut.

AUSKUNFT

IN DEUTSCHLAND
Maison de la France
Französ. Fremdenverkehrsamt
Westendstrasse 47
60325 Frankfurt/Main
Tel. 0190/57 00 25
(0,62 €/Min.)
Fax 0190/59 90 61
www.franceguide.com

IN ÖSTERREICH
Maison de la France
Argentinierstraße 41a
1040 Wien
Tel. 0900/ 25 00 15
Fax (01) 503 28 71
info.at@franceguide.com

IN DER SCHWEIZ
Maison de la France
Rennweg 42, 8023 Zürich
Tel. 09 00/90 06 99
Fax (01) 217 46 17
info.zrh@franceguide.com

INFO | INHALT

INFO | LEGENDE

Alle Adressen im Info-Magazin sind MERIAN-Empfehlungen. Die Adressen mit dem MERIAN-M zeichnen sich durch ein hervorragendes Preis-/Leistungsverhältnis aus. M sehr gut, M M herausragend, M M M nicht zu übertreffen. Preiskategorien Hotels: € DZ unter 50 €, €€ DZ 50-75 €, €€€ DZ 75-100 €, €€€€ DZ über 100 €. Preiskategorien Restaurants (für ein Hauptgericht): € bis 15 €, €€ 15-25 €, €€€ über 25 €. Hotelübernachtungen werden in Frankreich in der Regel ohne Frühstück angeboten. Wer im Hotel frühstücken möchte, muss dafür pro Person 5 bis 15 Euro zusätzlich einkalkulieren.

Die Angaben zu den Regionen dienen der ersten Orientierung. Die Planquadrate der Adressen beziehen sich auf die MERIAN-Karte (S. 131-133) und auf die Stadtpläne von Bordeaux und La Rochelle auf der Rückseite der Faltkarte.

INFO Service

Landesdaten

Die Region Aquitaine besteht aus den Départements Dordogne, Gironde, Landes, Lot et Garonne und Pyrénées Atlantiques
Fläche: 41 308 km^2 (7,5 % der Landesfläche)
Einwohner: 2,88 Millionen
Hauptstadt: Bordeaux 210 000 Ew., (Großraum 696 000 Ew.)
Größte Städte: Pau 82 000 Ew. (Großraum 120 000 Ew.), Bayonne 42 000 Ew.
Längste Flüsse: Garonne (650 km), Dordogne, Isle
Wichtigste Erwerbszweige: Landwirtschaft, Weinbau, Tourismus, Industrie

Region Poitou-Charentes besteht aus den Départements Charente, Charente-Maritime, Deux-Sèvres und Vienne.
Fläche: 25 809 km^2
Einwohnerzahl: 1,6 Millionen
Hauptstadt: Poitiers (85 000 Ew. (Großraum: 105 000 Ew).
Größte Städte: Angoulême 101 000 Ew., La Rochelle 100 000 Ew., Niort 62 000 Ew.
Wichtigste Erwerbszweige: Tourismus, Cognac-Produktion, Holzverarbeitung, Automobil- und Zuliefererindustrie

Beschäftigtenzahl nach Branchen: Dienstleistungsgewerbe 60 %, Industrie- und Baugewerbe 29 %, Landwirtschaft 11 %

MERIAN-orbit
Aus 705 Meter Höhe wirkt Frankreichs längster Sandstrand wie ein feiner weißer Strich. Er zieht sich über 250 Kilometer von der Gironde bis nach Biarritz hin. Im Hinterland der schnurgeraden Côte d'Argent im Département Landes ist Europas größter Pinienwald als tiefgrüne Fläche gut zu erkennen. Bräunlich zeigt sich dagegen im Satellitenbild das riesige Sumpfgebiet des Marais Poitevin nördlich von La Rochelle

IN FRANKREICH

(B 7) Office de Tourisme d'Arcachon
Esplanade Georges Pompidou
33120 Arcachon
Tel. 05 57 52 97 97
www.arcachon.com

(A 11) Comité Départemental du Tourisme Béarn-Pays Basque
4, Allée des Platanes
64100 Bayonne
Tel. 05 59 46 52 52
www.tourisme64.com

(C/D 7) Comité Régional de Tourisme d'Aquitaine
23, Parvis des Chartrons
33000 Bordeaux
Tel. 05 56 01 70 00
tourisme@crt.cr-aquitaine.fr
www.tourisme-aqutaine.info

(C 5/6) Office de Tourisme de Pauillac (Médoc)
Maison du Tourisme et du Vin
La Verrerie, 33250 Pauillac
Tel. 05 56 59 03 08
Fax 05 56 59 23 38
www.pauillac-medoc.com

(D/E 7) Office de Tourisme de Saint-Émilion
Le Doyenné, Place des Crénaux
33330 Saint-Émilion
Tel. 05 57 55 28 28
Fax 05 57 55 28 29
www.st-emilion-tourisme.com

DATEN | WETTER

Bordeaux	Jan.	Feb.	März	Apr.	Mai	Juni	Juli	Aug.	Sept.	Okt.	Nov.	Dez.
Durchschnittl. Temp. in °C Tag	9	11	15	17	20	24	25	26	23	18	13	9
Durchschnittl. Temp. in °C Nacht	2	2	4	6	9	12	14	14	12	8	5	3
Sonnenstund./Tag	3	4	6	7	8	8	8	8	7	5	3	2
Regen-Tage	16	13	13	13	14	11	11	12	13	14	15	17
Wassertemp. in C°	10	10	10	11	13	15	17	17	16	15	13	11

Im Juli und August erreicht der Atlantik seine Höchsttemperatur von ca. 20° C bei Lufttemperaturen um 25° C. Entlang der Küste herrscht ozeanisches Klima mit warmen Sommern und milden Wintern, in denen die Temperatur selten unter 10° C fällt und Schneefälle die absolute Ausnahme sind. Regenschauer gibt es das ganze Jahr hindurch, in der Nähe der Pyrenäen sind sie ergiebiger, das Klima ist insgesamt rauer.

BÜCHER

Französische Atlantikküste
ADAC Reiseführer, ADAC Verlag 2003, 4,95 €. Optisch ansprechend, gute, übersichtliche Beschreibung der Sehenswürdigkeiten. Sehr gutes Preis-Leistungs-Verhältnis.

Französische Atlantikküste
Baedeker, Verlag Karl Baedeker, 2002, 19,95 €.
Der bewährte Klassiker.

Bordeaux & Atlantikküste **DuMont Reise-Taschenbuch, Görgens, Manfred, DuMont Reiseverlag 2002, 12 €.** Gute Mischung aus Bild und Text, aus Sehenswürdigkeiten, Hintergrundinfos und Tipps.

Familien-Reiseführer Französische Atlantikküste
Drouve, Andreas, Companions Verlag 2002, 15,50 €. Ein Muss für Eltern mit Kindern, die den Nachwuchs auf Ausflügen bei Laune halten wollen.

Die Fantome des Hutmachers
Simenon, Georges, Diogenes Verlag 1998, antiquarisch ab ca. 5 €. La Rochelle im Dezember, trübes Wetter und ein Mörder, der in der Stadt sein Unwesen treibt. 1982 von Claude Chabrol atmosphärisch verfilmt.

Frankreich, Schlemmen & Genießen **Evans, Hazel, Polyglott Verlag 2003, 7,95 €.** Ein Führer für alle, die in Frankreich essen gehen wollen. Ideale Verbindung aus Sprachführer und Ratgeber zur französischen Küche und Lebensart.

Französische Atlantikküste aktiv **Drouve, Andreas, Reise Know-How Verlag 2003, 8,90 €.** Adressen und Tipps für Aktive. Die besten Strände, Touren, Surf- und Segelreviere.

Königin der Troubadoure
Pernoud, Régine, dtv 2003, 9,00 €. Gut belegte und detaillierte Biografie der Herzogin von Aquitanien. Vermittelt Hintergrundwissen und ein Gefühl für die Winkelzüge der mittelalterlichen Machthaber.

Ein Pyrenäenbuch
Tucholsky, Kurt, Rowohlt Taschenbuch Verlag, 2001, 5,90 €. Geistreiche Reiseimpressionen vom Stierkampf in Bayonne, von Badegästen in Biarritz, von Henri de Toulouse-Lautrec, Lourdes und vielem mehr.

Südwest-Frankreich
Aquitanien – zwischen Bordeaux, Biarritz und Sarlat **Frank, Karlhans, Verlag Frederking & Thaler, 2001, 10 €.** Unterhaltsame Anekdoten zu Alltäglichem wie dem Verhältnis der Franzosen zu Gänsen, zur Baskenmütze und zum Pelota.

Südwestfrankreich
Schmid, Markus X., Michael Müller Verlag 2002, 18,90 €. Logisch aufgebaut, besticht mit einer Fülle an aktuellen, praktischen Informationen und guten Hintergrundtexten zu Brauchtum und Geschichte.

MERIAN | TIPP

Markt mit Marineflair

Vor dem alten Kreuzer „Colbert" trifft sich sonntags vormittags halb Bordeaux. Einheimische Feinschmecker genießen auf dem Marché Colbert Fisch, Austern und Käse, marinebegeisterte Besucher können außerdem (nicht nur sonntags) das Kriegsschiff besuchen. Drei Rundgänge geben einen Einblick in das Leben an Bord, zu besichtigen sind unter anderem Waffen- und Maschinenraum, Offiziersmesse und Kombüse. Der Kreuzer liegt seit 1993 im Port de la Lune vor Anker. Zuletzt setzte die Marine das Schiff 1990 im Golfkrieg ein. In den sechziger Jahren war Staatspräsident General de Gaulle mit dem „Croiseur Colbert" nach Südamerika und Kanada gereist.

(e 1) Marché Colbert
Quai des Chartrons
So vormittags
Croiseur Colbert
Tel. 05 56 44 96 11
Apr.-Sep. tgl. 10-19, Okt.-März Mi-So 10-18 Uhr

Internet-Cafés

Cyberstation (c 5/6) 23, Cours Pasteur, Tel. 05 56 01 15 15
Art Obas (d 4)
7, Rue Maucoudinat
Tel. 05 56 44 26 30
Le Pixies Café (e 6) 50, Rue du Mirail, Tel. 05 56 91 81 32
Netzone Café (d 6) 209
Rue Sainte-Catherine
Tel. 05 57 59 01 25
Tribal (d 6) 71, Cours Pasteur
Tel. 05 56 92 99 22

Gotik in großem Stil: Die Cathédrale St-André war Hochzeitskirche der Herzogin Eleonore

(e 6) Basilique Saint-Michel und La Flèche

Saint-Michel wurde zwischen 1350 und 1475 erbaut und wirkt von außen eher schmucklos. Im Inneren ist das Gotteshaus jedoch prächtig ausgeschmückt. Besonderes Augenmerk verdient das reich verzierte Chorgestühl. Direkt neben der Kirche steht der 114 Meter hohe Glockenturm La Flèche, nach dem Straßburger Münster der zweithöchste Kirchturm Frankreichs. Von seiner Aussichtsplattform hat man einen ausgezeichneten Blick über die Stadt und das Umland.
Mo-Sa 9-18, So 9-12 Uhr

(b/c 5) Cathédrale Saint-André

Der Bau der dem hl. Andreas geweihten Kathedrale wurde im 11. Jahrhundert begonnen. Hier wurden 1137 Herzogin Eleonore von Aquitanien und der spätere König Ludwig VII. getraut. Im 13. und 14. Jahrhundert wurden das Querschiff und der Chor angebaut. Sehenswert sind das Nordportal von 1330 und das Königsportal von 1250, die beide reich verziert sind. Letzteres zeigt im Tympanon eine Darstellung des Jüngsten Gerichts. Seitlich am Portal befinden sich Skulpturen von Aposteln.
Mo 10-18.30, Di-Sa 8-11.30 und 14-18.30, So 8-12.30, im Sommer auch 14.30-17.30 Uhr

(d 1) CAPC Musée d'Art Contemporain

Ein altes Hafenspeicherhaus vom Anfang des 19. Jahrhunderts, das Entrepôt Laîné, bildet den faszinierenden Rahmen für die rund 700 meist avantgardistischen Objekte aus den vergangenen 30 Jahren.
Entrepôt, 7, Rue Ferrère
Tel. 05 56 00 81 50
Di-So 11-18 Uhr, Mi bis 20 Uhr

(d 3) Grand Théâtre

Der neoklassizistische Prachtbau wurde im späten 18. Jahrhundert von dem Pariser Architekten Victor Louis erbaut. Besonders beeindruckend ist der Treppenaufgang, der so viel Aufsehen erregte, dass er als Vorbild für die Pariser Oper diente. Imposant ist auch die mit zwölf korinthischen Säulen geschmückte Fassade.
Place de la Comédie
Kartenreservierungen unter
Tel. 05 56 00 85 95
www.opera-bordeaux.com

Place de la Bourse mit dem „Brunnen der drei Grazien"

(c 3) Maison du Vin

Bordeaux ist die Welthauptstadt des Weins und das Maison du Vin der ideale Anlaufpunkt für Besucher, die sich über die Weine des Bordelais informieren wollen. Interessierte können hier an Weinproben teilnehmen und sich mit Broschüren versorgen.
3, Cours du 30 Juillet
Tel. 05 56 00 22 66
Mo-Fr 9-18.30, Sa 9-17 Uhr

(c/d 2) Monument des Girondins

Am nördlichen Rand der Innenstadt liegt der riesige Platz Esplanade de Quinconces. Das eher schmucklose Areal dient als Park- oder Festplatz, sehenswert ist das Denkmal, das an die Girondisten, die 1793 hingerichteten Revolutionäre aus dem Bordelais, erinnert. Die 43 Meter hohe Säule wird von einer Frauengestalt gekrönt, die die Freiheit symbolisiert. Der pompöse Brunnen wurde zu Beginn des 20. Jahrhunderts errichtet.

(c/d 6) Musée d'Aquitaine

Hier erhält man einen umfassenden Überblick über die

Stadtgeschichte und kann die wichtigsten archäologischen Funde aus der Region betrachten. Eigene Abteilungen befassen sich u.a. mit Austernzucht und Weinbau.
20, Cours Pasteur
Tel. 05 56 01 51 00
Di-So 11-18 Uhr

(a/b 5) **Musée des Beaux-Arts**
Unter den vielen Museen der Stadt gehört das der „Schönen Künste" zu den sehenswertesten. Es beherbergt eine umfangreiche Sammlung von Kunstwerken aus der Zeit zwischen dem 17. und dem 20. Jahrhundert, darunter Malereien von Rubens, van Dyck, Tizian, Kokoschka, Matisse, Picasso und Renoir.
20, Cours d'Albret
Tel. 05 56 10 20 56
Mi-Mo 11-18 Uhr

(b 5) **Palais Rohan**
Die frühere Residenz des Erzbischofs mit großem Garten wird seit 1837 als Rathaus genutzt. Im Palais sind die kostbar vertäfelten Innenräume im Stil Ludwigs XVI. sehenswert.
Place Pey-Berland
Tel. 05 56 00 66 00
Führungen jeden Mi, 14.30 Uhr

der Stadt, der von großbürgerlichen Wohnhäusern umgeben ist. Viele Frontseiten schmücken schöne Arkaden. Zahlreiche Cafés und Restaurants säumen den Platz. Sehenswert ist der Rokokobrunnen von 1865 in der Mitte des Platzes.

(e 5) **Pont de Pierre**
Die älteste Brücke (1819 bis 1822) über die Garonne ist 486 Meter lang. Noch 1861 war sie für Reisende mautpflichtig, die heutigen Wartezeiten werden durch Stau verursacht.

(e 4/5) **Porte Cailhau**
Das Stadttor Porte Cailhau von 1495 war einer der Hauptzugänge der Stadt. Es wurde zu Ehren des Königs Karl VIII. errichtet, dessen Statue vor dem Tor steht.

(c 3-d 6) **Rue Ste-Catherine**
Die Katharinenstraße ist die zwei Kilometer durch Bordeaux verlaufende Fußgängerzone. Wer Souvenirs und Geschenke kaufen oder sich nach neuester französischer Mode kleiden will, sollte hier die Suche beginnen.

Wahrzeichen über dem Wasser: der Pont de Pierre

(e 3/4) **Place de la Bourse**
Der zur Garonne hin offene Platz war im 18. Jahrhundert die Visitenkarte der Stadt. Auf seiner Südseite befindet sich das Stadtpalais Hôtel des Douanes, im Norden das Palais de la Bourse, in dem sich früher die Börse befand. Die Mitte des Börsenplatzes ziert der Brunnen der drei Grazien.

(d 4) **Place du Parlement**
Einer der schönsten Plätze

(c 5) **Tour Pey-Berland**
Neben der Kathedrale steht der 47 Meter hohe Glockenturm von 1440. Benannt wurde er nach dem Bauherrn, einem Erzbischof. Eine vergoldete Statue, Notre-Dame d'Aquitaine, wurde 1863 auf die Turmspitze gesetzt. Die Aussicht von der Plattform des Turms über die Stadt ist hervorragend.
Juli, August 10-19, Juni, Sept. 10-18, Okt.-Mai 10-12.30 und 14-17 Uhr

AUSFLUG

Auf ein Gläschen von Schloss zu Schloss

Weinprobe an der Route des Vins du Médoc

Die 1500 Châteaus des Médoc produzieren auf einer Fläche von 16 000 Hektar jährlich etwa 100 Millionen Flaschen Wein. Auch wenn auf der Halbinsel zwischen Atlantik und Gironde nördlich von Bordeaux der Weinadel schlechthin residiert, sind viele Châteaus keine herrschaftlichen Anwesen, sondern ähneln eher normalen Bauernhöfen. Wer einen Blick in den Weinkeller eines bekannten Châteaus werfen und an einer Degustation teilnehmen möchte, muss sich rechtzeitig anmelden und manchmal wegen der limitierten Teilnehmerzahl auch einige Tage Wartezeit einkalkulieren. Architektonisch bemerkenswert sind das **Château Margaux,** ein neoklassizistisches Schlösschen mit ionischen Säulen und einer schönen alten Allee. Originell, aber nicht gerade typisch französisch wirkt das **Château du Cos d'Estournel**, das mit Türmen und Arkaden an eine Pagode erinnert. Als Eingangsportal dient hier das Tor des Sultanpalastes von Sansibar. Das **Château Lanessan** in Cussac-Fort-Médoc ist ein kleines Schloss im Renaissancestil, im Musée du Cheval sind historische Kutschen zu besichtigen. Während sich das **Château Lafite Rothschild** in Pauillac Besuchern gegenüber eher reserviert gibt, kann man bei **Mouton Rothschild** eine beeindruckende Etikettensammlung und das Privatmuseum des Hausherrn besuchen. Mehr über das Médoc und seine Weine ist online unter **www.medoc-bordeaux.com** zu erfahren, einer guten Webseite, die fast alle Fragen zum Médoc beantwortet.

Weine von Weltruf produziert das elegante Château Margaux

Château Margaux (C 6) Margaux
Anmeldung Tel. 05 57 88 83 83
Besichtigungen Mo-Fr 10-12 und 14-16 Uhr
Château du Cos d'Estournel (C 5) St-Estèphe
Anmeldung Tel. 05 56 73 15 50
Mo-Fr 10-12 und 14-16 Uhr
Château Lanessan (C 6) Cussac-Fort-Médoc
Anmeldung Tel. 05 56 58 94 80
Besichtigungen Mo-Fr 9-12, 14-18 Uhr
Château Lafite Rothschild (C 5/6) Pauillac
Anmeldung Tel. 05 56 73 18 18
Führungen Mo-Fr 9,10.30, 14 und 15.30 Uhr
Château Mouton Rothschild (C 5/6) Pauillac
Anmeldung Tel. 05 56 73 21 29
Besichtigung Mo-Do 9.30-11, 14-16 und Fr 9.30-11,14-15 Uhr

Im August und während der Weinlese sind in der Regel keine Besichtigungen möglich.

SITE-SEEING

TEXT: PETER GLASER

Im Netz an die Küste

Frankreichs Südwesten virtuell entdecken: die besten Internetadressen zur Reiseplanung

„Ein ruhiger Horizont, ein wechselndes Landschaftsbild, aber mit Maß, ohne Brüche." Elegisch beschrieb der Schriftsteller Ernest Pérochon seine Heimat Poitou-Charentes, die sich neben dem südlicher gelegenen Aquitanien von der Atlantikküste ins Binnenland erstreckt und unter anderem die wichtigste Austernzuchtregion Frankreichs ist **(www.schwarzaufweiss.de/frankreich/austern1.htm).** Der auskunftsfreudige Reiseführer **www.frankreich-sued.de** informiert nicht nur über Städte, Gemeinden und die Inseln vor der Küste, sondern auch über Märkte und Feste, regionale Küche, Literatur und Comics; dazu gibt es noch ein Verzeichnis von Webcams und Panorama-Ansichten. Reichlich fündig wird man auch in Linksammlungen wie **www.reisemarkt.de** (unter „Reiseziele" erst „Europa", dann „Frankreich" auswählen), dem Internetmagazin **www.frankreich-info.de** (mit einer französischen Suchmaschine, Wissenswertem zu den Weinregionen und einem Veranstaltungskalender) oder **www.ratgeberfrankreich.de.** Wer auf **www.frankreich-experte.de** unter „Regionen" auf seine Wunschgegend klickt, wird gleichfalls von der Übersicht bis ins Detail gut informiert. Wird der Reisewunsch unbezähmbar, kann man sich beispielsweise unter **www.hotel-france.com** oder **www.france.com** ein Hotel suchen, unter **www.weltweit-urlaub.de/frankreich** oder **www.fewo-direkt.de** (mit interaktiven Karten) Ferienwohnungen und -häuser in Augenschein nehmen oder unter **www.mdlf-reiseveranstaltersuche.de** die Angebote deutscher Reiseveranstalter studieren. Tipps zu den besten Windsurf-Spots von Soulac-sur-Mer an der Gironde-Mündung bis in den Süden, wo sich die wilde Schönheit der Côte Basque mit ihren Felsen erstreckt, gibt's unter **www.frankreichsued.de/surfen/Aquitanien/Aquitanien.htm.** Hier liegen Biarritz **(www.ville-biarritz.fr,** mit Webcam), nach wie vor mondän, und die Stadt Bayonne **(www.bayonne-tourisme.com)** mit ihren Villen und Châteaus. Auch wer sich edleren Flüssigkeiten als dem Meerwasser zuwenden will, hat es nicht weit. Bordeaux etwa **(www.bordeaux.fr)** glänzt nebenbei noch mit wunderbarer Architektur. Wieder an der Küste, sieht man sich weiter der Qual der Wahl ausgesetzt. Soll man in Rochefort **(www.ville-rochefort.fr/pierreloti/index.htm)** das fantastische Haus des Schriftstellers Pierre Loti (eine Art französischer Karl May) besuchen? Ins Seebad Royan **(www.ot-royan.fr)** oder in die Hafenstadt La Rochelle **(www.laro chelle-tourisme.com)** vielleicht? Où – wohin? **(dictionaries.travlang.com/GermanFrench)**

Nur vor Ort möglich: der Genuss frischer Austern

Unterirdisch aus Stein gehauen: die Monolithkirche von St-Émilion

(D 7) La Brède (Gironde)
Château de la Brède
Das sanierungsbedürftig wirkende Schloss liegt auf einer Insel in einem See, der von einem weitläufigen Park umgeben ist. Am 18. Januar 1689 wurde hier der Schriftsteller und Staatstheoretiker Charles Baron de la Brède et de Montesquieu geboren. Der Verfechter der Aufklärung und der Gewaltenteilung unterhielt eine umfangreiche Bibliothek. Sie und das Arbeitszimmer können besichtigt werden.
Tel. 05 56 20 20 49
April-Juni u. Okt. an Wochenenden und Feiertagen 14-17.30 Uhr, Juli-Sept. tgl. außer Di 14-18 Uhr

(D 7/8) Cadillac
Château de Cadillac
Den Bau des prachtvollen Château des Duc d'Epernon soll zu Beginn des 17. Jhs. König Heinrich IV. angeregt haben. Er hoffte, dass die hohen Baukosten des Schlosses den Herzog so schwächen würden, dass er politisch für ihn keine Gefahr mehr darstellen würde. Heute ist von der damaligen Pracht nur noch wenig zu sehen, dafür sind Spuren aus den Jahren 1818-1952, in der es als Frauengefängnis diente, noch allgegenwärtig.
Tel. 05 56 62 69 58
Juni-Sept. tgl. 10-18, Okt.-Mai Di-So 10-12.30 u. 14-17 Uhr

(D 8) Mazères
Château de la Roquetaillade
Imposantes Schloss mit fünf runden und einem viereckigen Turm in einem großen Park. Es ist seit 700 Jahren in Familienbesitz. Schöne Renaissance-Kamine. Das Schlossmuseum vermittelt das Leben im 19. Jahrhundert.
Tel. 05 56 76 14 16
Juli, Aug. 10.30-19, Ostern bis 11. Nov. 14.30-18.30 Uhr. Im Winter So und an Feiertagen 14.30-17 Uhr

(D/E 7) Entre-deux-Mers
Der Landstrich östlich von Bordeaux wird nicht von zwei Meeren, sondern von den beiden Flüssen Dordogne und Garonne begrenzt. In der hügeligen Landschaft gibt es mehrere Wein produzierende Schlösser. Von hier kommen trockene Weißweine. Sehenswert sind Bastiden wie Cadillac, Créon und Libourne, die seit Jahrhunderten ihren Festungscharakter erhalten haben.

(D 8) Saint-Macaire
Betritt man die Stadt durch die enge Porte de Benauge, fühlt man sich ins Mittelalter versetzt: enge Gassen, alte Häuser, die Kirche Saint-Sauveur aus dem 11. Jh., Reste einer Benediktinerabtei aus dem 12. Jh. und ein von Arkadenhäusern gesäumter Marktplatz. Erstaunlich ist, dass an diesem sehenswerten Städtchen der Touristenrummel bislang vorbeigegangen ist.
Infos im Office de Tourisme
Tel. 05 56 63 32 14
Im Juli und August Mi-Mo 16 -18 Uhr Stadtführungen

(D/E 7) Saint-Émilion
Uraltes, auf zwei Hügeln erbautes Städtchen. Kein modernes Haus stört das Gewirr der Zie-

geldächer. Enge, verwinkelte Gassen machen die autofreie Altstadt zu einem Touristenmagnet. Zahlreiche Weinhandlungen sind auf die Besucher eingestellt und verkaufen die Kreszenzen der Region kistenweise.

L'Église Monolithe, les Catacombes, la Chapelle de la Trinité

Die dreischiffige Monolithkirche wurde zwischen dem 9. und 12. Jahrhundert in den weichen Kalkstein gehauen und gilt als größte unterirdische Kirche Frankreichs. Von der Place du Marché aus ist sie an den drei Gewölbebögen zu erkennen. Den linken Bogen mit dem Hauptportal ziert eine schöne Darstellung des Jüngsten Gerichts. Die Katakomben wurden einst als unterirdischer Friedhof genutzt. Aus dem Fels gehauen ist auch die kleine Dreifaltigkeitskapelle (13. Jh.), die dem Heiligen Aemilianus geweiht ist. *Nur im Rahmen einer Führung zu besichtigen, Karten im Touristenbüro von St-Emilion.*

Train des Grands Vignobles

Ein kleiner Touristenzug macht von Ostern bis November eine rund 35-minütige Rundtour durch einige der bekanntesten Weinberge von Saint-Émilion *(tgl. 10.30-12 und 14-18.30 Uhr)*. Mit der Detailkarte aus dem Touristenbüro kann man die Weingüter auch auf eigene Faust erkunden. Rund 90 Châteaus bieten Termine zu Weinproben an, eine Liste ist beim Touristenbüro erhältlich. Anmeldung am besten einige Tage im Voraus.

DORDOGNE

(G 6) Les-Eyzies-de-Tayac-Sireuil

Musée National de Préhistoire

In der Gegend um das Dorf Eyzies im Vézère-Tal hat es so viele Funde aus der Steinzeit gegeben, dass sich der Ort selbst „Welthauptstadt der Prähistorie" nennt. Das Museum zeigt verschiedene steinzeitliche Werkzeuge und Kunstwerke.
Tel. 05 53 06 45 45
Juli, August tgl. 9.30-18.30 sonst tgl. außer Di 9.30-12.30 und 14-17.30 Uhr

(G 6) bei Le Moustier

La Roque St-Christophe

Wasser und Wind haben den Kalkstein des Felsens an der Vézère erodiert und Höhlen und Terrassen geschaffen, die Menschen schon vor mindestens 55 000 Jahren Schutz boten. Hier lebten Neandertaler, Cro-Magnon-Menschen, Gallier, Römer und Hugenotten.
Tel. 05 53 50 70 45
Juli, Aug. 10-19, April-Sept. 10-18.30, März, Okt. 10-18 Nov-Feb. 11-17 Uhr

(G 6) Rouffignac

Grotte de Rouffignac

Weitläufiges Höhlensystem von Stollen und Gängen auf mehreren Ebenen mit beeindruckenden Felsmalereien: Mehr als 270 Bilder zeigen Mammuts, Pferde, Steinböcke und Bisons. In die Höhle fährt ein kleiner Zug. Im Sommer möglichst früh kommen, sonst muss man sich auf längere Wartezeiten einstellen.
Tel. 05 53 05 41 71
April-Nov. 10-11.30 u. 14-17 Juli, Aug. 9-11.30 u. 14-18 Uhr

Zeitreise nach St-Émilion: Kein moderner Bau stört das Stadtbild

KULTURDENKMÄLER

Die steinernen Schätze von Santonum

Romanische Baukunst in der Saintonge

In Saintes, am rechten Ufer der Charente, präsentieren sich die Relikte der alten Römersiedlung **Santonum:** das im Jahre 40 n. Chr. erbaute und einst 15 000 Zuschauer fassende Amphitheater und der noch 20 Jahre ältere Germanicus-Bogen. Er bildete einst das Stadttor und stand auf der Brücke über die Charente. Nachdem dieser Flussübergang 1843 zerstört wurde, baute man den Bogen am rechten Ufer wieder auf.
Saintes wurde früh christianisiert und entwickelte sich im Mittelalter zu einem wichtigen religiösen Zentrum. Nahezu jedes Dorf in der Saintonge, der Region um Saintes, nennt eine romanische Kirche sein Eigen. In einem Radius von 40 Kilometern um Saintes gibt es etwa 200 Kirchen. In der 26 000-Einwohner-Stadt selbst sind vor allem zwei Gebäude sehenswert: Die **Cathédrale Saint-Pierre**, deren älteste Teile aus dem 12. Jahrhundert stammen, besticht durch ihr reich verziertes Portal, während die **Saint-Eutrope-Kirche** besondere architektonische Bedeutung hat. Von den Benediktinern errichtet und 1096 von Papst Urban II. eingeweiht, beherbergt sie eigentlich zwei Kirchen: In der Oberkirche gingen die Mönche und die Stadtbevölkerung zur Messe, während in der Unterkirche, in diesem Fall der Krypta, die Jakobspilger ihre Gottesdienste feierten.

Der Germanicus-Bogen in Saintes hat fast zwei Jahrtausende überdauert

In der Umgebung von Saintes lohnen sowohl die **Église de Notre-Dame in Rioux** als auch die **Église de Saint-Trojan in Rétaud** einen Besuch. Beide wurden zwischen dem 12. und 15. Jahrhundert erbaut und sind vor allem wegen ihrer eindrucksvollen Portale bemerkenswert. Besonders schön ist die Kirche von **Corme-Écluse**. Ihr Mittelportal ist mit einem reichen Rankenwerk verziert und zeigt unter anderem Darstellungen trinkender Vögel. Bei genauem Hinsehen kann man in den Kapitellen Darstellungen von Männern, Frauen und Tieren, aber auch von schaurigen Monstern erkennen.

Information: Villa Musso 62, Cours National
17100 Saintes, Tel. 05 46 74 23 82
www.ot-saintes.fr

LA ROCHELLE

Die lebhafte Hafenstadt wurde im 10. Jahrhundert gegründet und gelangte früh zu Reichtum, was sich noch heute im Stadtbild spiegelt. Allerdings durchlief La Rochelle auch politische Krisenzeiten. Im 17. Jh.war sie eine Hochburg des Protestantismus und wandte sich gegen den königlichen Absolutismus. Der König zögerte nicht lange, schickte seine Truppen, ließ die Stadt belagern und zu großen Teilen zerstören. Heute lebt La Rochelle vor allem vom Fischfang, dem Schiffsbau und dem Tourismus. Der Yachthafen, in dem 3500 Schiffe und Boote vor Anker liegen, ist der größte an der französischen Atlantikküste.

(b 4) Aquarium

Ideal für alle, die die Unterwasserwelt trocken entdecken wollen. Das in einem modernen Bau untergebrachte Aquarium gehört zu den größten in Europa. Drei Millionen Liter Wasser werden in 65 Becken gepumpt, die ungefähr 500 Fischarten beherbergen. Beeindruckend sind die Haie und Rochen, die scheinbar zum Greifen nahe vor den Besuchern durchs Wasser gleiten.
Bassin des Grands Yachts
Tel. 05 46 34 00 00
www.aquarium-larochelle.com
Juli, Aug. 9-23, Juni, Sept. 9-20 Okt.-März 10-20 Uhr, letzter Einlass 90 Min. vor Schließung

(b 2) Cathédrale St-Louis

Die Kathedrale an der Place de Verdun stammt aus der Mitte des 18. Jahrhunderts und wirkt von außen wenig spektakulär. Der Turm gehört zu einem früheren Bau und ist 300 Jahre älter als das Kirchenschiff. Im Inneren sind die zahlreichen von Seeleuten gestifteten Votivbilder interessant.

(b 3) Hôtel de Ville

Das Rathaus ist der sehenswerte Mittelpunkt der Altstadt – ein Renaissancebau, der zwischen 1544 und 1607 errichtet worden ist. Architektonische Höhepunkte sind das Eingangsportal und der Innenhof mit reich verzierten Arkaden. Interessant ist auch eine Führung durch die Innenräume, die im Sommer täglich und in der übrigen Zeit jeden Samstag um 15 Uhr stattfindet.
Info und Buchung beim Touristenbüro, Tel. 05 46 41 14

Abenteuerwelt unter Wasser im Aquarium von La Rochelle

(a 4) Tour de la Chaîne

Der Kettenturm wurde zwischen 1382 und 1390 erbaut und bewacht zusammen mit dem gegenüberliegenden Tour Saint-Nicolas die Einfahrt zum Vieux Port, dem alten Hafen. Seinen Namen hat er von der Kette, die nachts zwischen den beiden Türmen gespannt wurde, um den feindlichen Schiffen das Eindringen in den Hafen zu verwehren. Sie ist in dem kleinen Stadtmuseum besichtigen, das heute in dem Turm untergebracht ist.

(a 4) Tour de la Lanterne

Der Laternenturm ist 70 Meter hoch und wird auch „Turm der vier Sergeanten" genannt. Mit seiner achteckigen Spitze erinnert der lange Zeit als Gefängnis genutzte Turm eher an eine Kirche.

(a/b 4) Tour Saint-Nicolas

Der 42 Meter hohe Nikolausturm steht der Tour de la Chaîne gegenüber. Von allen Türmen hat man einen guten Blick auf die Stadt und den alten Hafen.
Für die Stadttürme gelten dieselben Öffnungszeiten: Juli, Aug. 10 -19, Mitte Mai-Juni und Anfang-Mitte Sept. 10-13 und 14-18, Mitte Sept.-Mitte Mai 10-12.30 und 14-17.30 Uhr

ROUTE HISTORIQUE

Die Route Historique ist ein Tipp für alle, die das Département Charente-Maritime abseits der großen Touristenströme kennen lernen wollen. Sie verbindet in der Gegend um Saintes und Rochefort 20 bedeutende Kulturdenkmäler. Auf Nebenstraßen führt die Strecke zu bekannten, aber auch versteckt liegenden Sehenswürdigkeiten, wie dem Château de la Roche-Courbon (15. Jh.) und dem Château de Panloy (18. Jh.). An der Route liegen auch Kirchen und Klöster, wie die als Wunderwerk der Romanik geltende Kirche St-Pierre in Aulnay. Die deutschsprachige Broschüre „Schätze der Saintonge" zur Route Historique ist beim Office de Tourisme in Saintes erhältlich. Weitere Auskünfte auf der Website **www.rhtsfrance.com**

ÎLE D'AIX

Optimales Ziel für einen Badetag ist die kleine und beschauliche Île d'Aix. Ideale Fortbewegungsmittel auf der autofreien Insel sind Fahrrad und Kutsche. Dominiert wird die Insel von einer Militärfestung im Süden, in deren Mauern sich das einzige Dorf befindet. Rund 200 Menschen leben hier, es gibt einige Restaurants, die frische Muscheln servieren, und ein Museum, das an Napoléon Bonaparte erinnert. Der Kaiser ließ das heutige Maison de l'Empereur *(geöffnet Mi-Mo 10-12 und 14-18 Uhr)* einst für einen seiner Kommandanten bauen und verbrachte 1815 selbst seine letzten drei Tage in Europa hier. Der Urgroßvater des Museumsgründers war einer der wenigen Getreuen, die Napoléon ins Exil begleiteten. Er zeichnete dessen Memoiren auf, die teilweise ausgestellt sind. Die Île d'Aix ist in etwa 30-minütiger Überfahrt vom Fährhafen Fouras südlich von La Rochelle zu erreichen. Im Sommer sind auch Fahrten von La Rochelle, der Île de Ré und der Île d' Oléron möglich.

Ein Palast für die Politik: das reich verzierte Rathaus von La Rochelle

ÎLE D'OLÉRON

(B 3) **Le Marais aux Oiseaux**
Ornithologischer Park zwischen Dolus und St-Pierre. Viele einheimische Vogelarten, ideal für Kinder.
Les Grissotières
Tel. 05 46 75 37 54
Juli, Aug. 10-19, April-Juni u. Sept. 10-13 und 14-18 Uhr, an den Wochenenden nur nachmittags

(B 3) Saint-Denis-d'Oléron
Phare de Chassiron
Der 46 Meter hohe Leuchtturm an der Nordspitze bietet den besten Blick über die Insel.
Tel. 05 46 75 18 62
Juli, Aug. 10-20, Sept. und Apr.-Juni 10-12.15 und 14-19 Uhr
Okt.-März 10-12.15 und 14-17 Uhr

ÎLE DE RÉ

(B 2) La Flotte
Abbaye des Châteliers
Ruine der Zisterzienserabtei aus dem 12. Jh., die erst den Engländern und dann den Religionskriegen zum Opfer fiel.
Cours Félix Faure, *freier Zutritt*

(B 2) La Flotte und
(B 2) Saint-Martin-de-Ré
Die schönsten Orte der Insel mit engen Gassen, gesäumt von weißen Häusern. Es gibt kleine lebendige Yachthäfen mit vielen Cafés und eine Zitadelle mit langer Tradition als Gefängnis.

(B 2) Loix
Ecomusée du Marais Salant
Ökomuseum der Salzsümpfe, das alles Wissenswerte zur Salzgewinnung und -herstellung vermittelt.
Route de la Passe
Mitte Febr.-Ende März 14.30-17.30 Apr.-Mai 14-18, Juni-Sept. 10-12.30 und 14-19, Okt. und Nov. 14-17.30 Uhr

(A/B 2) Saint-Clément-des-Baleines
Parc de l'Arche de Noé
Tierpark und Museum zur Geschichte der Insel.
Apr.-Mai 14-19, Juni-Aug. 10.30-19 Sept. u. Okt. 14-18.30 Uhr

Phare des Baleines
Spektakulärer Blick von der Spitze des Leuchtturmes, kleines Museum.
Apr.-Juni 10-19, Juli, Aug. 9.30-19.30, Sept. 10-18.30 sonst 10.30-17.30 Uhr

MERIAN | TIPP

Vom armen Ödland zur Grünen Lunge

Früher hüllten sich die Schäfer in alte Felle, schnallten sich Stelzen unter und stapften damit durch die sumpfige Heidelandschaft der Landes, um ihre Schafherden im Blick zu haben. Heute sieht man immer noch Männer auf Stelzen, allerdings nur, wenn sie folkloristische Tanzeinlagen auf regionalen Festen zum Besten geben. Schafherden gibt es schon lange nicht mehr, denn die Landes haben sich von einer öden Sumpflandschaft in die Grüne Lunge Südwestfrankreichs verwandelt. Nach der Französischen Revolution ordnete Napoléon die Aufforstung an. Im Hinterland wurden Tausende von Pinien gepflanzt, die erstaunlich schnell zum größten Waldgebiet Frankreichs heranwuchsen und das Landschaftsbild in nicht einmal 100 Jahren grundlegend veränderten. Aus dem Armenhaus Frankreichs wurde rasch das reichste Département: Die Pinien lieferten tonnenweise Harz, den damals begehrten Grundstoff für viele Produkte. Schon um 1930 war der Boom vorbei, die chemische Industrie produzierte Kunststoffe viel billiger, als die *gemmeurs* (Zapfer) ihr Harz verkaufen konnten. Seit 1970 sind rund 315 000 Hektar des riesigen Waldes unter Naturschutz gestellt.

Frankreichs größter Wald: La Pinhada in den Landes

Allein in den Fluten: Die beiden Stelzenhäuser gehören zur kleinen Vogelinsel im Bassin d'Arcachon

BASSIN D'ARCACHON

Das Becken von Arcachon bezeichnet ein kleines Binnenmeer, das sich im Rhythmus von Ebbe und Flut verändert. Bei Hochwasser blickt man auf eine Wasserfläche von 155 km^2, die bei Niedrigwasser auf rund ein Viertel zusammenschrumpft. Die Wattflächen, genannt *crassats*, werden von Fahrrinnen durchzogen. Eine Runde um das Becken ist ca. 65 Kilometer lang, dabei kommt man von Arcachon bis zum Cap Ferret durch eine Reihe von Badeorten, in denen Austernzucht betrieben wird. Fast überall kann man günstig frische Austern probieren.

(B 7) Arcachon

Der Aufstieg Arcachons zum noblen Seebad begann Mitte des 19. Jahrhunderts mit der Fertigstellung der Bahnlinie nach Bordeaux. Napoléon III. und Kaiserin Eugénie kamen zur Sommerfrische und in ihrem Gefolge immer mehr reiche und prominente Kurgäste aus aller Welt, darunter Alexandre Dumas und Henri de Toulouse-Lautrec. Die Stadt besteht aus zwei Teilen: Am Meer liegt die Sommerstadt (Ville d'Été) mit der breiten Uferpromenade und dem Strand. Hier tobt im Sommer das Leben in den zahlreichen Restaurants, Cafés und Hotels. Architektonisch ist die Sommerstadt wegen der überwiegend modernen Betonbauten kaum reizvoll, ganz anders die höher gelegene Winterstadt (Ville d'Hiver). Der Stadtteil ist geprägt von Belle-Époque-Villen mit verschnörkelten Fassaden und großzügigen Gärten.

(B 8) Dune du Pilat

Knapp 10 Kilometer südlich von Arcachon befindet sich der größte Sandhaufen Europas – fast drei Kilometer lang und 500 Meter breit. Damit die mehr als eine Million Besucher pro Jahr beim Aufstieg auf den 114 Meter hohen Kamm der Düne nicht allzu sehr ins Schwitzen kommen, führt im Sommer eine Treppe hinauf. Trotzdem wird der Anstieg Jahr für Jahr ein wenig anstrengender, denn die Düne wächst nach wie vor. Während sie vor 100 Jahren nur 60 Meter in die Höhe ragte, waren es 1980 schon 104 Meter. Jedes Jahr frisst sie sich weitere vier Meter in den Pinienwald hinein. Seit 1978 steht die Düne unter Naturschutz, der Großteil des Gebietes steht Besuchern aber weiter offen.

(B 7) Cap Ferret

Rund 50 Kilometer erstreckt sich der Sandstrand von Cap Ferret bis nach Lacanau-Océan, naturbelassen, unverbaut und nur durch wenige Stichstraßen erschlossen. Die gesamte Küste ist ein Paradies für Surfer und Wellenreiter. An den Strand schließt sich ein dichter Kiefernwald an, auf der Seite zum Becken von Arcachon liegen kleine Dörfer am seichten Ufer des Binnenmeeres. Auf der Straße von Lège nach Cap Ferret bekommt man von dieser einmaligen Naturlandschaft allerdings nur wenig mit, denn man fährt kilometerlang durch endlose Ferienhauszeilen. Cap Ferret besitzt von den Feriensiedlungen auf der Landzunge das größte touristische Angebot.

(B/C 7/8) Gujan-Mestras

Hauptort der Austernzucht am Südufer des Bassin d'Arcachon mit sieben Häfen. Einen Besuch wert ist das „Haus der Auster", in dem man alles über die Austernzucht erfährt.
Maison de l'Huître, Port de Larros, Tel. 05 56 66 23 71

(B 7) Île aux Oiseaux

Kleine Vogelinsel mitten im Becken von Arcachon. Im flachen Wasser vor dem Ufer stehen zwei Stelzenhäuser *(cabanes tchanquées)*, die zum Wahrzeichen der Insel geworden sind. Im Sommer gibt es regelmäßige Bootsausflüge zur Vogelinsel, zur Sandbank von Arguin, zum Cap Ferret und zu den Austernbänken. Die Abfahrtszeiten erfährt man an den Seebrücken Jetée Thiers und Jetée d'Eyrac in Arcachon.
(Tel. 05 57 52 24 77)

CÔTE D'ARGENT

Als Côte d'Argent bezeichnet man den rund 250 Kilometer langen Küstenstreifen von der Gironde bis zur Mündung des Adour bei Bayonne. Fast der gesamte Küstenstreifen ist ein durchgehender Sandstrand.
Die meisten Orte liegen einige Kilometer im Landesinneren, Stichstraßen führen zu den weitläufigen Ferienhaussiedlungen, die am Namenszusatz „Plage" und „Océan" zu erkennen sind. An der äußeren Gironde ist das Baden wegen der gefährlichen Strömung verboten, auch bei Soulac-sur-Mer und L'Amélie ist die Strömung unberechenbar. FKK-Anhänger fahren gern in die Nähe von Montalivet, wo die Organisation Euronat eines der größten Nudisten-Areale Europas unterhält.
Wer den Atlantik als zu rau empfindet, sollte sein Quartier in Hourtin, Carcans, Lacanau, Biscarrosse oder Mimizan aufschlagen, die vier großen Binnenseen in der Nähe dieser Orte haben immer ruhiges Wasser. Der See von Biscarrosse-Parentis ist wegen der Erdölförderung und des angrenzenden militärischen Sperrgebietes allerdings nur begrenzt zu empfehlen.
Eine Auflistung (auf Französisch) der Strände von Biscarrosse bis Tarnos findet man im Internet unter http://www.cdt40.com/plages. Hier werden von Frühjahr bis Herbst die wichtigsten Charakteristika der 48 Strände dieses gut 100 Kilometer langen Küstenabschnitts beschrieben, es gibt Fotos und Links zu allen Touristenbüros.

Am schönsten von oben: Wellen, Sand und Wald an der Côte d'Argent

LES LANDES

Die Landes de Gascogne umfassen Teile der Départements Landes und Gironde und werden von der Atlantikküste, der Gironde und dem Adour begrenzt. Seit 1970 sind 315 000 Hektar als Regionalpark ausgewiesen. Durch umfangreiche Aufforstungen mit Kiefern (siehe Kasten) wurde „La Pinhada" zum größten Waldgebiet Frankreichs.
Parc Naturel Régional des Landes de Gascogne, Tel. 05 57 71 99 99
www.parc-landes-de-gascogne.fr

(B 11) Dax
Dax gilt als älteste Kurstadt Frankreichs, die schon bei den Römern unter dem Namen Aquae Tarbellicae eine Blütezeit erlebte. Noch immer ist Dax wegen seines heilenden Thermalwassers und -schlamms berühmt und verfügt über mehr als 20 Therapiehäuser.

Cathédrale Notre-Dame

Ende des 17. Jahrhunderts im klassizistischen Stil errichtete Kathedrale. Sie hat die Form eines Kreuzes und steht auf den Ruinen romanischer und gotischer Bauwerke.

Fontaine Chaude

Auch unter dem Namen Source de la Néhe (Néhe-Quelle) bekannt. Das Quellbecken befindet sich hinter Arkaden in der Altstadt. Die heutige Anlage stammt aus dem 19. Jahrhundert, das Wasser sprudelt hier aber schon seit 2000 Jahren. Aus den Löwenköpfen kommen täglich etwa 2,4 Millionen Liter Wasser mit einer Temperatur von 64 °C.

Musée de Borda

Archäologische Sammlungen in einem Herrenhaus aus dem 17. Jahrhundert. Außerdem erfährt man hier alles über die Courses Landaises, die unblutigen französischen Kuhrennen, bei denen Toreros über wilde Kampfkühe hinwegsspringen.
27, Rue Cazade, Tel. 05 58 74 12 91
Di-Sa 14-18 Uhr

(C 9) Sabres

Ecomusée de la Grande Lande

Großartiges Freilichtmuseum, in dem das Dorf Marquèze aus dem 19. Jh. originalgetreu wieder aufgebaut wurde. Gute Führungen, leider nur auf Französisch.
Tel. 05 58 08 31 31 *Anfahrt nur mit der Museumseisenbahn von Sarbres aus: 1. Juni-15. Sept. 10.10-17.20 Uhr im 30- oder 40-Minuten-Takt, von Anfang April bis Ende Mai und Mitte Sept. bis Ende Okt. Mo-Sa 14-16.40, So 10.10-16.40 Uhr*

MERIAN | TIPP

Die Hochzeit von Saint-Jean-de-Luz

Es war keine Heirat aus Liebe, die 1660 in die Geschichte des damals sehr reichen Saint-Jean-de-Luz einging. Der Sonnenkönig Ludwig XIV. (1643-1715) nahm in der Kirche Saint-Jean-Baptiste die spanische Prinzessin Maria Theresia (1638-1683) zur Frau. Der Legende sagt, dass Ludwig, als er seiner Braut erstmals begegnete, wegen ihrer Hässlichkeit entsetzt war. Doch wie so oft in Monarchien ging es um die Besiegelung eines politischen Machtspiels. Die Hochzeit war das Ergebnis des Pyrenäenfriedens, der 1659 den französischen Sieg in dem seit 1635 geführten Krieg mit Spanien festschrieb. Damit war die Vormachtstellung Spaniens in Europa endgültig beendet, stattdessen wurde Frankreich zur vorherrschenden Macht. Der Ehe von Ludwig und Maria Theresia war kein Glück beschieden. Ludwig XIV., der mit seinem Ausspruch „Der Staat bin ich" noch immer oft zitiert wird, machte nicht nur im Staat, sondern auch in seiner Ehe, was er wollte. Er hatte mehrere Gespielinnen und vernachlässigte seine Gemahlin, die sich Trost in der Religion suchte. Die Hochzeitskirche des Paares wurde erst kurz nach der Trauung fertig gestellt. Sehenswert ist der große barocke Altaraufsatz mit vielen Figuren. Typisch für baskische Kirchen sind sich seitlich an der Kirchenwand entlang ziehende Galerien, auf denen früher während der Gottesdienste die Männern saßen.

Église Saint-Jean-Baptiste
Rue Gambetta
(A 12) St-Jean-de-Luz
Tel. 05 59 26 08 81

(A11) Bayonne
Cathédrale Sainte-Marie

Einer der wenigen und wahrscheinlich der schönste der gotischen Sakralbauten Südfrankreichs ist die im 13. Jh. errichtete Kathedrale von Bayonne. Im Inneren sind besonders die Glasfenster aus dem 16. Jh. sehenswert. Nicht versäumen sollte man den Kreuzgang, der als Meisterwerk der Hochgotik gilt. Man betritt ihn allerdings nicht durch die Kirche, sondern von der Place Pasteur aus.
Place Mgr Vansteenberghe
Tel. 05 59 59 17 82
Kirche: Mo-Sa 7.30-12 und 15-19, So 15.30-20 Uhr
Kreuzgang: Juni-Sept. 9-18 Okt.-Mai 9.30-12.30 und 14-17 Uhr

Musée Basque

Das Baskenmuseum in Bayonne ist das größte seiner Art und beschäftigt sich mit den verschiedenen Aspekten baskischer Kultur: von Architektur über Landwirtschaft, von Sport bis Religion.
37, Quai des Corsaires
Tel. 05 59 46 61 90
www.musee-basque.com
Di-So Mai-Okt. 10-18.30, Nov.-Apr. 10-12.30 und 14-18 Uhr

Bayonne heißt „guter Hafen" und macht seinem Namen alle Ehre

(A 11) Biarritz
Asiatica

Eines der bedeutendsten Museen für orientalische Kunst in Europa mit umfangreichen Sammlungen aus Indien, Tibet, Nepal und China.
1, Rue Guy Petit
Tel. 05 59 22 78 78
Mo-Fr 10.30-18.30, Sa, So 14-19, Feiertage 14-18 Uhr

Casino de Biarritz

Imposanter Bau an der Grande Plage, 1994 nach kostspieliger Sanierung im Stil des Casinos von 1929 wieder eröffnet.
1, Avenue Edouard VII
Tel. 05 59 22 77 77
Automaten tgl. 10-3, an Wochenenden bis 4 Uhr, Tische tgl. 19.30-3, Sa, So 18-4 Uhr

Wo Cyranos Erfinder lebte: die Villa Arnaga in Cambo-les-Bains

Musée Bonnat

Ein hervorragendes Kunstmuseum, auf das auch größere Städte neidisch sein könnten, mit Werken u. a. von El Greco, Rubens, Goya, Delacroix und Degas. Mit vielen seiner Werke ist auch der Stifter des Museums, Léon Bonnat (1833-1922), vertreten.
5, Rue Jaques Laffitte
Tel. 05 59 59 08 52
www.musee-bonnat.com
Di-So Mai-Okt. 10-18.30, Nov.-April 10-12 und 14-17.30 Uhr

Musée de la Mer

Zu besichtigen sind ein Seehundbecken mit Unterwasseransicht, eine Haifischgrotte, Aquarien und maritime Sammlungen.
Esplanade du Rocher de la Vierge, Tel. 05 59 22 33 34
Juli, Aug. 9.30-24 Uhr
Sept.-Juni 9.30-19 Uhr
(Nov.-März Mo geschl.)

Musée du Chocolat

Die komplette Geschichte der Schokolade und der Schokoladenherstellung wird hier erläutert, von der Kakaobohne bis zu den erstaunlichsten Kunstwerken. Vorführungen zur Schokoladenverarbeitung.
14-16, Avenue Beau Rivage
Tel. 05 59 41 54 64
Mo-Sa 10-12 u. 14.30-18 Uhr

Musée du Vieux Biarritz

Das Museum befindet sich in einer ehemaligen anglikanischen Kirche und erzählt die Geschichte der Stadt und ihren Aufstieg vom kleinen Fischerhafen zum mondänen Badeort.
Rue Broquedis
Tel. 05 59 24 86 28
Juli, Aug. tgl. 10-18, sonst Di-Sa 10-12 und 14.30-18 Uhr

Phare de Biarritz

1834 erbauter, 73 Meter hoher Leuchtturm. Nach starker Beschädigung durch Blitzschlag (2003) auf unbestimmte Zeit nicht zugänglich. Nach Wiedereröffnung und Aufstieg über 248 Stufen dann wieder eindrucksvoller Blick auf Stadt, Meer und Küste.
Avenue de l'Imperatrice
Tel. 05 59 22 37 10

Strände

Nördlich von Zentrum und Hôtel du Palais liegt der Strand von **Miramar**, der noch am wenigsten überlaufen und von Surfern frequentiert ist. Der zentrale „Große Strand", die **Grande Plage**, zwischen den Hotels du Palais und Bellevue,

liegt in einer leicht geschwungenen Bucht mit der etwas ansteigenden Silhouette von Biarritz im Hintergrund. Auf Anhieb sympathisch wirkt der **Vieux Port**, eine winzige, von Felsen eingerahmte Sandbucht, die aber oft überfüllt ist. Weiter nach Süden kommt man zu den Stränden von **Marbella** und **Milade**, den Tummelplätzen der Wellenreiter.

(A 12) Corniche Basque

Die Route de la Corniche (D 912) beginnt südlich von St-Jean-de-Luz und führt bis Hendaye an der spanischen Grenze durch das wildeste Stück der baskischen Küste, das unter Naturschutz steht. Immer wieder bietet die Küstenstraße atemberaubende Ausblicke auf die bizarre Felsküste. Baden ist hier jedoch kaum möglich. Kurz vor Hendaye gelangt man zum Château d'Antoine d'Abbadie, das hoch über dem Wasser liegt. Ende des 19. Jhs. wurde es im Auftrag des baskischen Wissenschaftlers Antoine d'Abbadie von dem Architekten Eugène Viollet-le-Duc im neugotischen Stil mit Anklängen an eine mittelalterliche Burg erbaut. Ein zum Schloss gehörendes Observatorium kann besichtigt werden.
Tel. 05 59 20 04 51
Juni-Sept. Mo-Fr 10-18, Sa 10-13 und 14-18, So 14-18 Uhr
Rest des Jahres Mo-Fr 14-17 Uhr

LABOURD

In der westlichsten der drei Baskenprovinzen Labourd, Basse-Navarre und Soule liegen die wichtigsten Touristenzentren der Côte Basque. Im Landesinneren zeigt sich das Labourd als hügelige Mittelgebirgslandschaft mit schmucken Dörfern. Im Sommer ist es hier deutlich kühler und leerer als an der Küste, am Horizont sind die Pyrenäen zu erahnen.

(A 12) Aïnhoa

Baskisches Musterdorf, adrett und in typischem Rot-Weiß gehalten. An der Hauptstraße findet man schöne Beispiele für die Fachwerkarchitektur im Labourd-Stil. Kirche mit sehenswerten Schnitzereien.

(B 12) Cambo-les-Bains

Der Luftkurort teilt sich in eine Unter- und Oberstadt. Der Dramatiker Edmond Rostand ließ sich nach seinem Welterfolg „Cyrano de Bergerac" außerhalb des Ortes seine Villa Arnaga im neobaskischen Stil bauen. Der Garten ist ein Versailles im Kleinformat.
Villa Arnaga, Tel. 05 59 29 70 57
Juli, Aug. tgl. 10-19, April, Mai Sept. tgl. 10-12.30 und 14.30-19 Okt. 14.30-18 Uhr

(A 12) Espelette

Rot-weiße Fachwerkhäuser und rote Paprika sind das Markenzeichen des Ortes. Im Oktober hängen die Schoten in Ketten an den Häusern und werden überall verkauft.

(A 12) Sare

Der baskische Charakter von Sare zeigt sich besonders bei den traditionellen Fêtes de Sare am zweiten Septemberwochenende. In den Grottes de Sare sollen schon in prähistorischer Zeit vor 45 000 Jahren Menschen gelebt haben. Sound- und Lightshow bei der Höhlenbesichtigung.
Grottes de Sare, Tel. 05 59 54 21 88
Juli, Aug. 9.30-20 Uhr, Sept.-Juni eingeschränkte, wechselnde Öffnungszeiten

(A 12) St-Jean-de-Luz

Maison Louis XIV.

In diesem Herrschaftshaus, das 1643 von einem Reeder errichtet wurde, lebte 1660 einen Monat lang Ludwig XIV., um sich auf seine Hochzeit mit Maria Theresia (siehe Kasten) vorzubereiten.
Place Louis XIV, Tel. 05 59 26 01 56
Juli, Aug. 10.30-12.30 und 14.30-18.30, Juni, Sept. 10.30-12 und 14.30-17.30 Uhr

Maison de l'Infante

Nur wenige Schritte vom Maison Louis XIV. entfernt liegt das Haus, in dem Maria Theresia, die künftige Gemahlin des Sonnenkönigs, im Jahre 1660 logierte.
Quai de l'Infante
Tel. 05 59 26 36 82
Mitte Juni-Mitte Okt. 11-12.30 und 14.30-18.30 Uhr

Pineau

Genuss aus Versehen

Schusseligkeit kann durchaus nützlich sein. Das erfuhr, einer Legende zufolge, ein etwas vergesslicher Winzer, der vor rund 400 Jahren lebte. In ein Fass mit einem Rest Cognac schüttete er irrtümlich Traubenmost und ließ das Ganze einige Jahre stehen. Als er später aus dem Fass kostete, war er höchst überrascht, was für ein wunderbarer Tropfen entstanden war: vorzüglich als Apéritif oder zum Dessert. Das war die Geburtsstunde des Pineau des Charentes. Heute gelten strenge Regeln für einen echten Pineau: Er muss zu einem Viertel aus Cognac und zu drei Vierteln aus frischem, sehr süßem Traubenmost bestehen. Außerdem muss er im Weingebiet von Cognac hergestellt werden. Ein so genannter „Pineau Vieux" lagert nach dem Mischen der beiden Zutaten mindestens fünf Jahre im Fass, der „Pineau Très Vieux" oder „Extra Vieux" mindestens 10 Jahre. Pineau des Charentes, rot oder weiß, sollte immer kühl serviert werden, am besten in einer Cognac-Tulpe, dann ist er einer der feinsten Apéritifs.

Die lieblichen Verwandten des Cognac: Pineau des Charentes

Eine Institution am alten Hafen von La Rochelle: das Restaurant „André"

(A 12) Aïnhoa
Ithurria MMM
Schönes baskisches Bauernhaus in Rotweiß aus dem 17. Jahrhundert, in dem schon die Jakobspilger gespeist haben. Großer rustikaler Speisesaal im Landhausstil, exzellente baskische Küche, für die Maurice Isabal, *maître cuisinier de France*, mit seinen beiden Söhnen verantwortlich ist. Spezialität: mit Kabeljau gefüllte Paprikaschoten in Weinsauce.
Tel. 05 59 29 92 11
www.ithurria.com *im Winter geschlossen* €€€

(B 7) Arcachon
Chez Yvette M
Das beste Restaurant in Arcachon. Tipp: gegrillter Fisch oder die Meeresfrüchteplatte. Gute Auswahl an weißem Bordeaux.
59, Blvd. du Général Leclerc
Tel. 05 56 83 05 11 €€€

(A 11) Bayonne
El Asador
Kleines Lokal mit gehobener französische Küche. Lamm gehört ebenso zu den Spezialitäten des Hauses wie marinierte Anchovis.
Place Montaut
Tel. 05 59 59 08 57
Di-Sa 12-14 und 20-22 Uhr
So nur 12-14 Uhr €€

Le Chistera M
Hier dreht sich alles um Pelota, denn Besitzer Jean Pierre Marmouyet war 13 Jahre lang Profi in den USA. Auch der Vater war schon Pelotaprofi. Fotos von beiden in Aktion schmücken die Wände, und über dem Tresen hängen die geflochtenen Wurfhandschuhe, nach denen das Restaurant benannt ist. Gute baskische Küche zu moderaten Preisen: *poulet basquaise* (Baskisches Hühnchen) oder *jambon piperade* (Omelette mit Schinken und Paprikaschoten) als Hauptgericht und zum Dessert *gateau basque* (Rührkuchen). Im Sommer sitzt man im Freien unter Arkaden.
42, Arceaux Port-Neuf
Tel. 05 59 59 25 93 €

(A 11) Biarritz
Café de la Grande Plage
Das Café mit Aussicht auf das Meer befindet sich im Haus des Casinos. Französische Küche. Von der Terrasse sind es nur wenige Schritte, bis man den Sand unter den Füßen spürt. Wem 25 Euro für das Menü zu teuer sind, genießt denselben Blick im Selbstbedienungsrestaurant nebenan.
Casino de Biarritz
1, Av. Edouard VII
Tel. 05 59 22 77 88
tgl. 12-14.30 und 19-22 Uhr, am Wochenende mittags und abends je 30 Min. länger
€€€

El Callejón
Tapas, Tortilla und Flamenco. Hier macht sich die Nähe zur spanischen Grenze schon bemerkbar. Stimmung und Speisekarte entsprechen dem spanischen Temperament. Zweimal im Monat treten Flamencotänzer life auf, aber auch sonst ist gute Unterhaltung garantiert, besonders nach 23 Uhr steigt die Stimmung.
15, Place Clemenceau
Tel. 05 59 24 99 15
Mo-Sa 20-02 Uhr €€

Le Clos Basque MM
Angenehmes Fischlokal mit sehr netter Bedienung. Im Vorgarten sitzt man ganzjährig draußen, an den wenigen kühlen Abenden im Winter wird mit Wärmestrahlern für angenehme Temperaturen gesorgt.
12, Rue Louis Barthou
Tel. 05 59 24 24 96
Di-Sa 12-14 und 19-22 Uhr
So nur 12-14 Uhr €€

La Maison Blanche im Tonic Hotel MMM
Kein typisches Hotelrestaurant, sondern auch für Nicht-Hotel gäste durchaus zu empfehlen. Der Chef zeigt sich experimentierfreudig und wechselt häufig die Karte. Vom *magret de canard,* Ente mit Honig und Gewürzen, bis zum Crevetten-Gazpacho werden stets neue Kreationen serviert.
58, Avenue Edouard VII
Tel. 05 59 24 58 58
www.maisonblanchebiarritz.com
tägl. 12-14 und 19-22 Uhr
€€€

Bordeaux

(b 3) Le Chapon Fin MMM
Wenn es mal etwas ganz Besonderes sein soll, ist das „Le Chapon Fin“ das Richtige. *Canon d'agneau,* Lamm gefüllt mit Salbeibutter, oder die Tarte mit Schokolade, exotischen Früchten und Ingwer-Confit gehören zu den empfehlswerten Spezialitäten von Chef Nicolas Frion. Hervorragende Auswahl an Weinen.
5, Rue Montesquieu
Tel. 05 56 79 10 10
www.chapon-fin.com, *Di-Sa 12-14 und 19.45-21.30 Uhr, im Aug. zwei Wochen geschl.* €€€

(b 3) Le Café Gourmand MM
Der Besitzer Bruno Oliver stammt aus einer Familie von Köchen. Er kredenzt exklusive französische Speisen, allerdings in recht kleinen Portionen. Ausgezeichnet ist die gestopfte Gänseleber.
3, Rue Buffon
Tel. 05 56 79 23 85
So und Mo mittags geschlossen €€

(e 4) Chez les Ploucs
Restaurant mit jüngerem Publikum, fröhliche Stimmung. Das Essen ist gut, aber Delikatessen darf man nicht erwarten. Originell ist die Einrichtung, die an einen Pferdestall erinnert.
10, Rue des Faussets
Tel. 05 56 52 35 36
12-14 und 19-22 Uhr €

(e 4) La Terrasse St-Pierre MM
Café-Restaurant an einem ruhigen Platz, ideal für einen Nachmittagscafé im Freien. Aber auch abends lässt sich hier stilvoll tafeln. Der Koch legt besonderen Wert auf Frische und Qualität seiner Zutaten.
7, Place Saint-Pierre
Tel. 05 57 85 89 17 €€

(d 4) La Table du Pain
Gemütlich eingerichtete Mischung aus Bäckerei, Kaffeehaus und Restaurant. Bei gutem Wetter auch Plätze im Freien. Französisches Frühstück ab 4,20 €.
6, Place du Parlement
Tel. 05 56 81 01 00
8.30-19.30 Uhr €

(d 4) Le Saint-Georges
Kaffeehaus und Kneipe neben dem Kino „Utopia“ in einem der beliebtestesten Alstadtviertel. Zu essen gibt's nur Snacks, Bier wird dafür bis zum frühen Morgen ausgeschenkt.
2, Place Camille Jullian
Tel. 05 56 44 86 33
7.30-02 Uhr €

La Rochelle

(a 4) André MMM
Das bekannteste Fischrestaurant der Stadt liegt unmittelbar neben dem Tour de la Chaine. Auf zwei Ebenen und in sieben unterschiedlich ausgestatteten Räumlichkeiten bietet es Platz für einige hundert Gäste. Trotzdem ist es im Sommer fast immer voll und gemütlich, keine Spur von Massenabfertigung. Zu empfehlen: die riesige Vorspeisenplatte mit Austern, Garnelen und Muscheln.
5-7, Rue Saint-Jean du Pérot / 8, Place de la Chaîne
Tel. 05 46 41 28 24
www.bar-andre.com €€

(b/c 4) À Côté de Chez Fred MM
Rustikales Fischrestaurant, in das sich kaum Touristen verirren. Ausgezeichnete Küche und gute Stimmung.
30-34, Rue St-Nicolas
Tel. 05 46 41 65 76
So, Mo mittags geschlossen, sonst 12.15-14.30 und 19.15-22.30 Uhr €€

(b 3) L'Epi de Blé
Auch bei Einheimischen sehr beliebte Crêperie, in der man für wenig Geld gut isst. Das Lokal liegt in einer der belebtesten Ecken der Altstadt. Wer auf die süßen Crêpes und *galettes* (salzige Crêpes aus Buchweizenmehl) etwas warten muss, findet genug zu beobachten.
2, Rue du Port
Tel. 05 46 41 26 85 €

(b 4) Les Régates
Bar und Brasserie mit guter Küche am alten Hafen. Die meisten Gäste kommen allernicht wegen des Essens, sondern um den malerischen Blick aufs Wasser zu genießen. Besonders schön bei Sonnenuntergang.
20, Quai Duperré
Tel. 05 46 41 42 55 *außerhalb der Saison Mo geschlossen* €

(b 2) Café de la Paix
Ein schönes Kaffeehaus im Wiener Stil. Hier hat auch Georges Simenon häufig seinen Kaffee getrunken.
54, Rue Chaudrier
Tel. 05 46 41 39 79
Tagsüber geöffnet bis 21 Uhr So geschlossen €

(D/E 7) Saint-Émilion

Amelia-Canta
Bar, Restaurant und Brasserie in bester Lage auf dem Hauptplatz. Serviert werden z. B. *galettes,* herzhafte Pfannkuchen mit Schinken, Käse und frischen Tomaten. Große Weinkarte.
2, Place du Marché
Tel. 05 57 74 48 03
www.ameliacanta.com €-€€

Hostellerie de Plaisance MMM
Chefkoch Philippe Etchebest richtet edle Speisen aufs Beste an, besonders verführerisch sind die Desserts wie das Millefeuille mit Schokolade, Banane und Kokos. Die Terrasse mit Blick über die Weinberge gehört zu den schönstes Plätzen der Stadt. Mittags deutlich preiswerter als abends.
5, Place du Clocher
Tel. 05 57 55 07 55
www.hostellerie-plaisance.com
Jan. bis Mitte Feb. geschlossen €€€

Das Ithurria bietet baskische Küche in in rustikalem Ambiente

MERIAN | TIPP

Käse vom Könner
Die *New York Times* hat über ihn geschrieben, ebenso das *Forbes Magazine.* Jean d' Alos gehört zu den besten *affineurs* – Käseverfeinerern – Frankreichs. Sein Geschäft ist keine einfache *fromagerie,* sondern ein Atelier der Käsekunst. Käse aus dem ganzen Land reift hier in alten Kellern. Was sich einfach anhört, braucht großen Sachverstand. d'Alos weiß nicht nur genau, woher der Käse stammt, sondern kann auch erzählen, was die Schafe, Ziegen oder Kühe fressen, aus deren Milch der Käse produziert wird. Manche seiner Laibe müssen gebürstet und geschrubbt werden, um ihr volles Aroma zu entfalten, andere werden mit Wein oder Cognac eingerieben. Die individuelle Pflege zahlt sich aus. Mit Käse aus dem Supermarkt ist ein *fromage* von d'Alos nicht zu vergleichen.

Jean d'Alos
(b 3) Bordeaux
4, Rue Montesquieu
Tel. 05 56 44 29 66
Di-Sa 8.30-12.45 und 15.30-19.15, Mo 15.30-19.15 Uhr

>> Die Planquadrate der Adressen in Bordeaux und La Rochelle beziehen sich auf die Stadtpläne auf der Rückseite der Faltkarte, S. 3

LOKALE SPEZIALITÄTEN

Was Gourmets zum Schwärmen bringt

Die Liebe zur Küste geht durch den Magen: ein Glossar der Delikatessen

Ein **plateau de Fruits de Mer** (Meeresfrüchteplatte) krönt jeden Restaurantbesuch. Die große Platte mit Austern, Muscheln, Krebsen, Krabben und Garnelen bekommt man in fast jedem Restaurant, sie erfreut Augen und Gaumen gleichermaßen. Typisch für die Küche des Baskenlandes ist **marmitako,** ein Thunfischragout mit Kartoffeln oder auch **ttoro** die baskische Variante der Bouillabaisse. Ebenfalls zu den Klassikern der Region gehört **chorizo,** eine Paprikawurst mit Knoblauch. Die roten Schoten aus dem Pyrenäendorf Espelette geben einem **omelette piperade** (Omelett mit Paprikaschoten) ebenso wie dem **poulet basquaise** (Baskisches Hühnchen) den pikanten Geschmack. Berühmt ist auch der luftgetrocknete Schinken aus Bayonne, der **jambon de Bayonne,** der sowohl roh (*cru*) oder gekocht (*cuit*) gut schmeckt. Bayonne ist neben Schinken auch für feinste Schokolade berühmt. Egal ob flüssig in der Tasse, als Praline oder als Skulptur, die Kunst der Chocolatiers ist zum Nachtisch und als Mitbringsel beliebt, genau wie der **gâteau basque,** ein Rührkuchen nach baskischem Rezept. Deftig und fett sieht ein Confit von Ente und Gans nicht nur aus, es schmeckt auch so. Die eingemachten Schenkel und Flügel werden oft auf Märkten angeboten und gehören unbedingt in ein **cassoulet,** den typischen deftigen Bohneneintopf aus dem Périgord. Die krankhaft verfettete Leber von Gänsen, **foie gras d'oie,** und Enten, **foie gras de canard,** bekommt man in Dosen in jedem Lebensmittelgeschäft im Périgord, sie fehlt auch auf fast keiner Speisekarte. Drei bis vier Wochen lang werden die Tiere mit Mais überfüttert („gestopft"), damit die Leber möglichst fett wird. Eine Entenleber wiegt vor der Schlachtung ca. 600, eine Gänseleber bis zu 900 Gramm. Enten aus dem Périgord liefern aber auch eine kalorienarme Köstlichkeit, das **magret de canard,** ein zartes Stück Filet aus der Brust. Trüffel, **truffes,** aus dem Périgord sind für viele Gourmets das Nonplusultra der französischen Küche. Schon in winzigen Spuren verfeinern sie Saucen und Leberpastete. Ein Geschmackserlebnis, das allerdings seinen Preis hat. Ein **omelette aux truffes** ist von diesen Spezialitäten die erschwinglichste Variante. Und äußerst empfehlenswert.

Schinken vom Besten: Jambon de Bayonne

(C/D 3) Taillebourg
Auberge des Glycines
Romantisches kleines Restaurant, das mit einer hervorragenden und überraschend preiswerten Küche aufwartet. Zu empfehlen: Fischgerichte mit exzellenten Saucen.
4, Quai des Gabariers,
Tel. 05 46 91 81 40 € €

ÎLE D'OLÉRON

(B 3) La Cotinière
L'Ecailler M
Besonders gut: *plateau royal,* eine Meeresfrüchteplatte für zwei Personen mit einem ganzen Hummer. Von der Terrasse geht der Blick auf den kleinen Fischerhafen. Das Wirtsehepaar Boissac betreibt auch ein hübsches Hotel mit Seeblick.
65, Rue du Port
Tel. 05 46 47 10 31
www.ecailler-oleron.com
Dez. u. Jan. geschlossen € €

Le Caveau du Port
Beliebte Kellerkneipe mit Billard und Musik. Große Auswahl an Bieren, wer eine „Giraffe" bestellt, bekommt 2,5 Liter Bier. Lokale Spezialität ist das *bière des naufrageurs,* gebraut auf der Insel, gewöhnungsbedürftig ist dagegen die Variante mit Himbeeraroma.
Boulevard du Capitaine Leclerc
Tel. 05 46 47 27 21
tägl. 15-02 Uhr €

(B 3) Le Grand Village Plage – Port des Salines
Le Relais des Salines M M M
In einer kleinen bunt gestrichenen Austernzüchterhütte bereitet Monsieur Robert fangfrischen Fisch aufs Feinste zu. Bei schönem Wetter sitzt man draußen über dem Wasser. Unbedingt probieren: warme Austern mit verschiedenen Saucen.
Tel. 05 46 75 82 42
Mo geschl. €

ÎLE DE RÉ

(A/B 2) Ars-en-Ré
Le Café du Commerce M M M
Toni und Pierre Ollivier haben aus dem 100 Jahre alten Restaurant ein Schmuckstück gemacht. Jedes Möbelstück der nostalgisch amerikanischen Einrichtung hat seine eigene Geschichte, der Spiegel hinter der Bar hat schon Revolverkugeln relativ unbeschadet überstanden. Terrasse mit Blick auf den Hafen von Ars. Serviert werden Tex-Mex-Gerichte, aber auch Fisch und Meeresfrüchte.
6, Quai Prée
Tel. 05 46 29 41 57 €

Spezialität der Charente: Meerbarbe mit Sauce de Pineau

Le Bistrot de Bernard
Das Restaurant von Bernard Frigière nennt sich mit einigem Understatement „Bistro", tatsächlich gehört sein Haus zu den besten Fischrestaurants der Insel. Tipp: das Risotto mit Hummer und Parmesan und die Meeresfrüchteplatte.
1, Quai de la Criée
Tel. 05 46 29 40 26
Mo und Di geschlossen € €

Frischer als im Relais de Salines werden Meeresfrüchte selten serviert

SHOPPING

(A 11) Anglet
Jean Louis Gonzalez
Ein individuelles – allerdings nicht billiges – Mitbringsel sind die *chisteras,* aus Weiden geflochtene Pelotahandschuhe. Jean Louis Gonzalez fertigt nach Voranmeldung Handschuhe in Maßarbeit.
6, Allées des Liserons
Tel. 05 59 03 85 04

(A 11) Biarritz
Chocolaterie Henriet
Serge Couzigou gilt als Meister des Schokoladenhandwerks. Er fertigt riesige Schokofiguren, befasst sich aber auch mit der Herstellung feiner Schokolade in konventionellen Größen. Das Schokoladenmuseum der Stadt in der Av. Beau Rivage zeigt seine Skulpturen.
Place Georges Clemenceau
Tel. 05 59 24 24 15

Helena
Feine Leinenstoffe in großer Auswahl, z. B. Tischdecken und Handtücher im für die Region typischen Dekor.
27, Avenue Edouard VII
Tel. 05 59 24 73 43
10-12.30 und 14.30-19 Uhr

Bordeaux
(d 5) **L'Esprit Girondins**
Der Shop des Erstliga-Fußballvereins Girondins Bordeaux bietet alles, was ein Fan so braucht: Trikot, Schal, Schlüsselanhänger und Vereinstasse.
77, Rue Sainte-Catherine
Tel. 05 57 14 23 90
9.30-19 Uhr

(b 3) **Freelance**
Schuhe, die etwas teurer, dafür aber origineller und gewagter sind als der Mainstream.
43, Cours Georges Clemenceau
Tel. 05 56 81 93 16
Mo-Sa 10-19 Uhr

(c 3) **L'Intendant**
Bekannteste Weinhandlung der Stadt. Eine enge Wendeltreppe führt fünf Stockwerke nach oben, ein jedes voll gepackt mit Flaschen. Wer günstige Tropfen sucht, sollte in der Nähe des Eingangs bleiben, denn die Weine sind nach Preis und Qualität sortiert. Je höher man steigt, desto besser, aber auch teurer werden die Weine.
2, Allées de Tourny
Tel. 05 56 48 01 29

Steiler Weg zum Spitzenwein: Bei L'Intendant lagert das Beste oben

(d 4) **Miss Bella**
Eine Boutique für Damen, die bereit sind, für exklusive Mode auch tiefer in die edle Handtasche zu greifen.
9, Place Camille Jullian
Tel. 05 56 79 00 02

(A 12) Larressore
Makhila Ainciart-Bergara
Makhila heißt der traditionelle Wanderstock der Basken, der sich durch ein ausklappbares Messer in eine Waffe verwandeln lässt. Die streitbaren Stöcke sind von Hand gearbeitet und reich verziert.
Tel. 05 59 93 03 05
www.makhila.com
Mo-Sa 9-12 und 14-18 Uhr

La Rochelle
(b 4) **Les Délices du Trinitain**
Süßigkeiten, Weine, Kekse, Fischkonserven, alles, was das Feinschmeckerherz aus der Region um La Rochelle begehrt, wird hier verkauft.
6, Quai Duperré
Tel. 05 46 41 83 50
tgl. 10-13 und 15-19.30 Uhr So bis 19 Uhr

(b 4) **Icare**
Sie wollen sich vor dem Strandtag noch einen Lenkdrachen kaufen? Oder einen Bumerang, ein Frisbee, Jonglierbälle? Bei Icare direkt am alten Hafen finden Sie eine große Auswahl an Drachen und Zirkusbedarf.
51, Quai Valin
Tel. 05 46 41 52 52
Di-Sa 14.30-19, Mi, Fr, Sa auch 10-12.30 Uhr

(D/E 7) Saint-Émilion
La Cour des Arts
Im Herzen der mittelalterlichen Stadt gelegener Künstlerhof. Neben den üblichen Souvenirs findet man in den Boutiquen auch lokales Kunsthandwerk und schöne Stoffe.
2, Rue de la Grande Fontaine
Tel. 05 57 24 71 68
Apr.-Dez. tgl. 10-19 Uhr

(A 12) Saint-Jean-de-Luz
Iban
Kleiner Laden, in dem der Besitzer Alain Tozzi kulinarische Spezialitäten aus dem Baskenland anbietet. Käse und Schinken bekommt man hier ebenso wie Wein, Likör und den berühmten süßen *gateau basque*.
26, Rue de la République
Tel. 05 59 85 10 12

Espadrille Nicole Paries
Wer bisher gedacht hat, die kleinen Stoffschuhe sind nur anspruchslose Begleiter für die Freizeit, wird hier eines Besseren belehrt. *Espadrilles* für jeden Zweck – auch als edlen Ausgehschuh – findet man hier.
52, Rue Gambetta
Tel. 05 59 26 15 94
www.espandrille-paries.com

Maison Charles Larre
Baskenmützen müssen nicht schwarz sein. Hier gibt's neben baskischen Stoffen das *béret basque* in allen Farben, selbstverständlich auch für Damen.
Place Louis XIV
Tel. 05 59 26 02 13

Terre & Piment
Eingelegte Paprikaschoten als Souvenir, grobes Salz aus Bayonne mit kleinen feurigroten Pfefferschotenstückchen, feiner Essig und Senf: Gewürze und eingelegtes Gemüse werden hier fantasievoll präsentiert. Mit Supermarktware nicht zu vergleichen.
58, Rue Gambetta
Tel. 05 59 85 34 21

MERIAN | TIPP

Das Aroma des Alterns
Man braucht nicht besonders viel Spürsinn, um das Haupterzeugnis des Ortes Cognac zu erraten. Hier und auch in Jarnac und Rouillac widmen sich die weltberühmten Brennereien der Herstellung des „Likörs der Götter", wie Victor Hugo den Cognac poetisch genannt hat. In den Destillerien von Camus, Hennessy, Otard, Martell, Rémy Martin und Courvoisier wird nach der traditionellen „méthode charentaise", also doppelt, gebrannt. Die einfache Destillation produziert nur schnöden Schnaps. Mindestens 25 Monate ruht der Cognac dann in alten Eichenfässern, die ihm Farbe und Aroma geben. Die Sorten der renommierten Firmen lagern oft wesentlich länger: V.S.O.P.-Tropfen (Very Superior Old Pale) reifen mindestens vier Jahre, Cognac XO (extra old) mindestens sechs. Alle Firmen bieten Besichtigungen an, natürlich mit einem Cognac zum Abschied. Schon vorher fühlt sich mancher beschwingt: In den Lagersälen liegt oft Cognacduft in der Luft: *la part des anges* nennen Kenner diesen natürlichen Schwund, der durch Verdunstung entsteht: den Anteil der Engel.
(D 4) Cognac
Cognac Hennessy
Besichtigung der Lagerkeller
Quai Richard Hennessy
Tel. 05 45 35 72 68
Juni-Sep. tgl. 10-18, März-Mai und Okt.-Dez. tgl. 10-17 Uhr
Cognac Rémy Martin
Fahrt über das 30 ha große Anwesen und Besichtigung der größten Böttcherei Europas
Domaine de Merpins, Route de Pons, Tel. 05 45 35 76 66
Juli, Aug. tgl. 10-17.30 Uhr April-Juni u. Sep., Okt. 10-11 u. 13.30-16.30 Uhr

Guter Geschmack braucht Zeit: Fasslager bei Hennessy

MERIAN | TIPP

Sich treiben lassen

Ein Hausbooturlaub auf der Charente ist Balsam für die Seele, denn das schwach motorisierte Boot und der träge fließende Fluss bremsen jede Hektik. Einmal an das gemächliche Tempo gewöhnt, gleitet man eine Woche lang entspannt mit dem schwimmenden Haus flussauf- oder flussabwärts und legt in den Städten Jarnac, Cognac und Saintes an, bewundert die historische Bausubstanz oder schaut sich Brennereien und Museen an. Die 360 Kilometer lange Charente ist von Angoulême bis zum Meer schiffbar (170 km). Die Boote bieten Platz für zwei bis zwölf Passagiere und sind komplett ausgerüstet, Bootsführerschein ist nicht nötig. *Ein Boot für zwei bis drei Personen kostet pro Woche zwischen 620 € (Nebensaison) und 1344 € (Hauptsaison)*

Locaboat Plaisance GmbH
Postfach 867, 79008 Freiburg
Tel. (07 61) 20 73 70
Fax 207 37 73
www.locaboat.de

Charente Croisières
(E 4) Rue de l'Écluse
Pont de Basseau, 16730 Fléac
Tel. 05 45 91 38 18
Fax 05 45 91 24 34
www.charente-croisieres.com

Auf dem Wasser zu Hause: Bootsurlaub auf der Charente

CAMPING

Campingplätze finden Sie entlang der Küste in jeder noch so kleinen Ortschaft, vielfach auch etwas weiter im Binnenland. Die gemeindeeigenen Plätze *(campings municipaux)*, sind oft preisgünstig und gut gelegen, bieten aber meist nur eine einfache sanitäre Ausstattung.

(B 3) Dolus d'Oléron
Camping Les Chênes Verts
Ruhiger Platz auf der Île d'Oléron, im Kiefernwald und strandnah gelegen. Mittlere Ausstattung, Stellplatz für ein bis drei Pers. 12,50-15 €
Passe de l'Écuissière
Tel. 05 46 75 32 88
www.les-chenes-verts.com
1. Apr.-30. Sept.

(B 4) Soulac-sur-Mer
Les Sables d'Argent
Schöner Platz am Strand am Rand eines Pinienwaldes in der Nähe des Städtchens Soulac, 2,6 ha, 152 Plätze, viele Familien. Gehobene Ausstattung. Für 2 Pers.14-19 €
Blvd. de l'Amélie
Tel. 05 56 09 82 87
www.sables-d-argent.com
1. Apr.- 30. Sept.

(B 5) Grayan-et-l'Hôpital
Camping Municipal du Gurp
Dieser besonders bei jungen Leuten beliebte Platz liegt in einem Pinienwald am Strand. Tennis- und Basketballplätze, freundliche und lockere Atmosphäre. Einfache Ausstattung. (18 € für zwei Personen)
51, Route Océan
Tel. 05 56 09 44 53
1. Juni-11. Sept.

(B 7) Pyla-sur-Mer
Camping Panorama
Großer Platz an der gewaltigen Düne von Pilat. Toller Blick aufs Meer. Gehobene Ausstattung. Für zwei Personen Stellplatz (Auto und Zelt) ca. 33 € pro Tag in der Hauptsaison (17. Juli-21. August)
Route de Biscarrosse
Tel. 05 56 22 10 44
www.camping-panorama.com
24. Apr.-4. Okt.

(A 12) St-Jean-de-Luz
Camping Itsas Mendi
Großer, strandnaher Platz mit vielen Sportmöglichkeiten.

Trockenübung vor dem Wellenritt: Surfunterricht an der Côte Basque

Mittlere Ausstattung. Ein Stellplatz für PKW und zwei Personen kostet 15 bis 18 € pro Tag.
Tel. 05 59 26 56 50
www.itsas-mendi.com
1. Apr.-30. Sept.

GOLF

(A 11) Biarritz
Golf Biarritz de la Phare
Der zweitälteste Golfplatz Frankreichs liegt leicht erreichbar in Biarritz in der Nähe des Leuchtturms.
2, Avenue Edith Cavell
Tel. 05 59 03 71 80
Fax 05 59 03 26 74
www.golf-biarritz.com
Vor- u. Nachsaison 8-19, Di geschl., Hochsaison 7.30-20.30 Uhr

(A 11/12) Bidart
International Training Center Ilbarritz-Bidart
Golftrainingscenter in herrlicher Lage am Meer.
Avenue du Château
Tel. 05 59 43 81 30
Fax 05 59 43 81 31
golf.ilbarritz@wanadoo.fr
Nebensaison 8-18.30 Uhr, Mo geschl., Hochsaison 8-20 Uhr

KANU

Das Tal der Vézère gilt als Geheimtipp bei Paddlern. Boote kann man vor Ort mieten.

(G 6) Les Eyzies-de-Tayac-Sireuil
Canoës Vallée Vézère
10, Promenade la Vézère
Tel. 05 53 05 10 11
Fax 05 53 05 83 06
www.canoesvalleevezere.com

RADFAHREN

Die Broschüre *Les Pistes cyclables de Gironde* enthält eine Zusammenstellung von Rad-Routen und Fahrradverleihern in den Gebieten Bordeaux, Bassin d'Arcachon, Entre-deux-Mers, Haute Gironde, Médoc und Sud Gironde. Erhältlich in den Touristenbüros oder im
Maison du Tourisme de la Gironde
(c 3) Bordeaux,
21, Cours de L'Intendance
Tel. 05 56 52 61 40
tourisme@gironde.com

RAFTING

Nicht nur im Meer, sondern auch auf den wilden Flüssen des Baskenlandes kann man sein Abenteuer erleben – beispielsweise bei Raftingtouren, die das ganze Jahr hindurch stattfinden.
(A/B 12) Itxassou
Evasion 64, Maison Errola
Tel. 05 59 29 31 69
Fax 05 59 29 81 62
www.evasion64.fr

SURFEN

1956 reisten ein paar Amerikaner an die Côte Basque bei Biarritz und probierten, mit Brettern auf den Wellen der Atlantikküste zu reiten. Einige Einheimische sahen zu und machten es ihnen nach. Inzwischen ist die Atlantikküste längst ein Mekka des Surfsports. Jährlich finden in Hossegor und Biarritz internationale Wettbewerbe statt (s. S. 94), Surfschulen gibt es überall entlang der Küste, oft an Campingplätze angegliedert.

(A 11) Biarritz
Lagoondy Surf Camp
10, Rue Maréchal, B.P. 05
Tel./Fax 05 59 24 62 86
www.lagoondy.com

(A/B 11) Hossegor
Magic Glisse Tao
Boulevard du Front de Mer
Le Point d'Or
Tel./Fax 05 58 43 92 90
www.magicglisse.com

(B 9) Mimizan-Plage
Maéva Surf Club
1, Avenue de la Côte d'Argent
Tel. 05 58 82 44 42
Fax 05 58 09 39 12
www.mimizansurfclub.com

THALASSO

Die Thalassotherapie wurde in Frankreich erfunden – schon 1899 eröffnete hier das erste Thalassoinstitut. Heute findet man fast in jedem größerem Ort an der Atlantikküste mindestens ein Institut, das die Therapie mit Meerwasser- und Algenanwendungen durchführt.

(B 7) Arcachon
Thalazur Arcachon
Neues, erst 2001 eröffnetes Zentrum mit allem Komfort. Ruhiger und weniger überlaufen als die bekannteren Institute weiter im Süden. Angegliedertes Drei-Sterne-Hotel.
Avenue du Parc
Tel. 05 57 72 06 66
Fax 05 57 72 06 62
arcachon@thalazur.fr

(A 11) Biarritz
Thalassa Biarritz
Neues und sehr luxuriöses Therapiezentrum, das zur Accor-Gruppe gehört. Übernachtung ist je nach Wunsch und Anspruch in einem angeschlossenen Drei- oder Vier-Sterne-Hotel möglich.
13, Rue Louison Bobet
Tel. 05 59 41 30 01
Fax 05 59 24 77 20
www.thalassa.com

(A 12) Hendaye
Thalassothérapie Serge Blanco
Das Institut wurde von dem ehemaligen französischen Rugby-Nationalspieler Serge Blanco gegründet und genießt einen ausgezeichneten Ruf.
125, Boulevard de la Mer
Tel. 05 59 51 35 35
Fax 05 59 51 36 00
www.thalassoblanco.com

Bestes Grün vor leuchtendem Blau: Golfplatz de la Phare in Biarritz

WANDERN

Jakobsweg
An der Atlantikküste entlang führt der so genannte Küsten- oder „Engländerweg" nach Santiage de Compostela. Er wurde im Mittelalter vor allem von Pilgern genutzt, die von den Britischen Inseln aus das Grab des hl. Jacobus ansteuerten. Während der spanische Teil des Jakobswegs schon ziemlich überlaufen ist, findet man auf den französischen Teilstücken noch himmlische Pilgerruhe. Mancherorts haben nicht einmal die Einheimischen von dem Weg gehört, deswegen ist es trotz der Markierungen nicht immer leicht, sich zurechtzufinden. Der 550 Kilometer lange Weg führt von Soulac-sur-Mer an der Girondemündung über Lacanau und Bayonne bis nach Saint-Jean-de-Luz. Vermittlung von geführten Wanderreisen:
Bayerisches Pilgerbüro e. V.
Dachauerstr. 9, 80335 München
Tel. (089) 545 81 10
www.pilgerreisen.de
Man muss weder Bayer noch Pilger sein, um mitwandern zu dürfen.

MIT KINDERN UNTERWEGS

FREIZEITPARKS

(A/B 11) Seignosse-le-Penon
Atlantic Parc
Großer Wasserpark mit Riesenrutschen und vielen Aktivitäten.
Tel. 05 58 43 15 30 *Mitte Juni-Ende Aug. 10.30-19.30 Uhr Erw. 6,50 €, Kinder 5 €*

(B/C 2) Châtelaillon-Plage
Centre Aquatique
Aquapark mit 29 °C warmem Wasser, viele Aktivitäten für Kinder, große Rutsche.
Voie de la Corniche
Tel. 05 46 56 44 11
www.centre-aquatique.com
Juli, Aug. Mo-Fr 10-21 Sa 11-20, So 9-20 Uhr, Rest des Jahres kürzer, Erw. 4,65 € Kinder bis 16 Jahre 3 €

(B/C 7/8) Gujan-Mestras
La Hume
Riesiger Freizeitpark nahe Arcachon, der aus verschiedenen Teilen besteht. Dazu gehören ein Aqualand, der Zoo La Coccinelle mit 800 Tieren und ein botanischer Garten.
Tel. 56 66 15 60
Alle Parks sind im Juli und Aug. mind. von 10.30-19 Uhr geöffnet. Pro Park je 5-15 € Eintritt.

(D/E 5) Guizengeard
Safari Parc de Haute-Saintonge
Rundfahrten im Geländewagen durch den Safaripark.
(bei Brossac), Tel. 05 45 98 99 31
www.safariparc.com
Ostern-Sept. nach Voranmeldung, Erw. 12,20 € Kinder (bis 12 J.) 7,65 €

MUSEEN

(b/c 4) La Rochelle
Musée Maritime de la Rochelle
Das im Bassin des Chalutiers untergebrachte Museum zeigt berühmte französische Schiffe, darunter auch das legendäre Forschungsschiff „Calypso" von Jacques-Yves Cousteau.
Place Bernard Moitessier
Tel. 05 46 28 03 00
www.museemaritimelarochelle.fr
Juli, Aug. tgl. 10-19 Uhr Feb.-Mitte Nov. 10-18.30 Uhr Erw. 7,60 €, Kinder 5,30 €

(b 4) La Rochelle
Musée des Automates et le Musée des Modèles Réduits
In den beiden nebeneinander liegenden Museen werden rund 300 bewegliche Figuren, Modelleisenbahnen sowie eine computergestützte Seeschlacht gezeigt.
Rue de la Désirée
Tel. 05 46 41 68 08 *Juli-Aug. tgl. 9.30-19, Jan.-Juni und Sept.-Dez. tgl. 10-12 und 14-18 Uhr, Kombiticket für beide Museen, Erw. 11 €, Kinder 6,50 €*

RÜCKBLICK

Kampf um La Rochelle

Hungern für den Glauben: die grausame Belagerung der letzten Hugenotten-Bastion

Die blühende Hafenstadt La Rochelle war Anfang des 17. Jh. eine Hochburg des französischen Protestantismus. Bereits **1559** hatten die **Hugenotten** hier ihre eigene Kirche begründet. Doch ihre Unabhängigkeit war dem katholischen König Ludwig XIII. ein Dorn im Auge. Sein erster Minister, Kardinal **Richelieu**, statuierte **1627** ein grausames Exempel: Er ließ die stolze Stadt 16 Monate lang belagern und ihre Bewohner aushungern. Der König und sein Kardinal verstießen dabei gegen das **1598** verabschiedete **Edikt von Nantes**, mit dem König **Heinrich IV.** zwar den Katholizismus als Staatsreligion etabliert, aber den Hugenotten **Religionsfreiheit** zugesichert und ihnen sogar rund 150 Festungen, darunter auch La Rochelle, als Sicherheitsrefugium garantiert hatte. Der König hatte damit die Glaubenskriege in der Region beenden wollen.

Der Friede währte nur bis zur Regentschaft seines Sohnes **Ludwig XIII.** Richelieu, fanatischer Verfechter des Absolutismus, bekämpfte die Souveränität der wohlhabenden Städte. Für ihn stellten deren Sonderrechte den absoluten Herrschaftsanspruch des Königs in Frage, und La Rochelle war die letzte Bastion der Hugenotten, deren Autonomie es zu brechen galt.

Zur Unterstützung der Rochelaiser landete **1627** der englische Herzog **George Villiers von Buckingham** mit einer Flotte von 60 Booten und 9000 Soldaten auf der Île de Ré vor der Seeseite La Rochelles. Richelieu erkannte die Brisanz der Situation. Er konnte die Engländer verjagen und errichtete einen Belagerungsring um die Stadt und die Hafeneinfahrt.

La Rochelles Bürgermeister **Jean Guiton** war allerdings nicht bereit, aufzugeben. Er drohte, jeden zu erdolchen, der sich dem König ergeben würde. So harrten die Hugenotten über ein Jahr aus, um ihre Freiheit zu verteidigen. Sie ernährten sich zuletzt sogar von Ratten und den Leichen der bereits Verstorbenen. Die Überlebenden waren sogar zu schwach, um ihre Toten zu beerdigen. Ende **Oktober 1628** musste die Stadt kapitulieren.

Wachtposten auf dem Wasser riegelten La Rochelles Hafen ab

Nur **5000** der einst **28 000** Bewohner hatten überlebt. Richelieu ließ ihnen zwar das Recht auf ihre Religion, nahm der Stadt aber alle politischen und wirtschaftlichen Privilegien. Viele Hugenotten emigrierten später in die Niederlande und nach Preußen. Als der französische König ihnen 1685 die Ausübung ihres Glaubens verbot, waren sie in den durch den Dreißigjährigen Krieg entvölkerten Gebieten sehr willkommen.

34 000-10 000 v. Chr. Cro-Magnon-Menschen besiedeln Frankreichs Südwesten. Von ihnen gibt es Felszeichnungen.
500 v. Chr. Besiedlung durch die Kelten.
300 v. Chr. Gründung von Burdigala, dem heutigen Bordeaux.
Um 50 v. Chr. Rom erobert das Gebiet und macht es zur Provinz Aquitania. Bordeaux entwickelt sich zur Hauptstadt.
5. Jh. Eroberung durch die Westgoten.

Gemäßigt und gescheitert: Girondisten-Führer Pierre Vergniaud

507 Die Westgoten werden von den Franken in der Schlacht von Vouillé (nordwestlich von Poitiers) vernichtend geschlagen. Aquitanien fällt dem Frankenreich unter Chlodwig I. zu.
8. Jh. Von Spanien aus dringen die Araber in das Gebiet vor.
732 Mit dem Sieg in der Schlacht bei Poitiers stoppt Karl Martell den Vormarsch der Araber.
9. Jh. Raubzüge der Wikinger führen immer wieder an die Atlantikküste, viele Städte und Klöster werden gebrandschatzt.
877 Die Grafen von Poitiers übernehmen die führende Rolle in der Region.
11. Jh. Wilhelm IX., einer der Grafen von Poitiers, erlangt als erster Minnesänger Berühmtheit und führt einen erfolglosen Kreuzzug gegen Jerusalem, auf dem Zehntausende seiner Soldaten ihr Leben lassen.
1137 Herzogin Eleonore von Aquitanien heiratet den französischen Thronfolger Ludwig VII.
1152 Scheidung, kurz danach heiratet Eleonore den späteren englischen König Heinrich II.
1154 Mit der Thronbesteigung Heinrichs II. wird ganz Westfrankreich englisch.
1453 Nach fast 300 Jahren und nach der letzten Schlacht des Hundertjährigen Krieges kommt Aquitanien wieder zu Frankreich.
1562 Glaubenskriege zwischen Protestanten (Hugenotten) und Katholiken zerrütten das Land, als letzte Bastion der Hugenotten fällt 1628 La Rochelle.
1660 Ludwig XIV. heiratet Prinzessin Maria-Theresia von Spanien in Saint-Jean-de-Luz. Frankreichs Aufstieg zur Führungsmacht Europas beginnt.
18. Jh. Durch den Handel mit den Kolonien erleben die Hafenstädte am Atlantik, insbesondere Bordeaux, eine Blütezeit.
1789 Französische Revolution. Während man in Paris die Bastille stürmt, setzt man in Bordeaux zum Sturm auf das königliche Munitionsdepot an.
1792/93 Die Girondisten, die gemäßigten Revolutionäre aus der Gegend um Bordeaux, geraten immer mehr in Konflikt mit den radikalen und blutrünstigen Jakobinern. Ihre Anführer werden hingerichtet.
1799 Napoléon Bonaparte übernimmt in einem Staatsstreich die Regierung.
1870 Als im Deutsch-Französischen Krieg Paris vorübergehend in die Hände deutscher Truppen fällt, wird Bordeaux Hauptstadt von Frankreich.

Reitergefecht im Deutsch-Französischen Krieg 1870/71

1914 Obwohl den Deutschen der Einmarsch nach Paris im Ersten Weltkrieg nicht gelingt, wird auch diesmal der Regierungssitz aus Sicherheitsgründen nach Bordeaux verlegt.
1940 Im Zweiten Weltkrieg wird Bordeaux zum dritten Mal Regierungssitz.
1972 Gebietsreform: die Regionen Aquitaine und Poitou-Charentes entstehen.
1995 Alain Juppé wird Bürgermeister von Bordeaux. Sein Vorgänger Jacques Chaban-Delmas hatte das Amt seit 1947 fast ununterbrochen inne.
2002 Der Öltanker „Prestige" sinkt vor der spanischen Atlantikküste. Großangelegte Reinigungsaktionen sorgen dafür, dass 2003 kaum noch Beeinträchtigungen zu spüren sind.

MERIAN

Heft 3/2004, März, Erstverkaufstag dieser Ausgabe ist der 26. 02. 2004

MERIAN erscheint monatlich im Jahreszeiten Verlag GmbH, Poßmoorweg 5, 22301 Hamburg
Tel. 040/27 17-0, Fax 040/27 17-20 56 **Anschrift der Redaktion:** Harvestehuder Weg 42, 20149 Hamburg
Postfach 130444, 20139 Hamburg, E-Mail: Redaktion@Merian.de, Tel. 040/441 88-231, 441 88-240
Fax 040/441 88-310 **Website:** www.merian.de **Leserservice:** Postfach 601220, 22212 Hamburg
Tel. 040/87 97 35 40, Fax 040/27 17 - 20 79

Herausgeber: Manfred Bissinger
Chefredakteur: Andreas Hallaschka
Art Directorin: Sabine Lehmann **Chef vom Dienst:** Tibor M. Ridegh **Redakteure:** Kathrin Sander
Charlotte von Saurma, Thomas Gebhardt (freie Mitarbeit), Thorsten Kolle (freie Mitarbeit)
Redakteurin dieses Heftes: Kathrin Sander **Schlussredaktion:** Tibor M. Ridegh, Jasmin Wolf (stv.)
Layout: Katharina Holstein-Sturm, Ingrid Koltermann, Dorothee Schweizer (stellv. Art Directorin)
Bildredaktion: Hanni Rapp, Michael Kleehaupt (freie Mitarbeit), Eva M. Ohms, Maria von Rospatt
(freie Mitarbeit) **Bildredakteur dieses Heftes:** Michael Kleehaupt **Kartographie:** Peter Münch
Dokumentation: Jasmin Wolf, Claudia Schmidt (freie Mitarbeit), Andrea Wolf (freie Mitarbeit)
Mitarbeit: Dagny Eggert, Helmut Golinger, Anne Kathrin Reiter, Petra Wiechmann
Herstellung: Karin Harder **Redaktionsassistenz:** Sabine Birnbach, Katrin Eggers
Geschäftsführung Premium Magazine: Peter Rensmann
Gesamt-Anzeigenleitung: Roberto Sprengel **Anzeigenleitung:** Christel Janßen
Anzeigenstruktur: Patricia Hoffnauer **Marketing:** Kenny Machaczek, Ulrich Rieger, Sonja Wünkhaus
Vertriebsleitung: Jörg-Michael Westerkamp (Zeitschriftenhandel), Thilo Heller (Buchhandel)
Verantwortlich für den redaktionellen Inhalt: Andreas Hallaschka
Verantwortlich für Anzeigen: Roberto Sprengel

Verlagsbüros Inland:
Hamburg: Tel. 040/27 17-25 95, Fax -2520, E-Mail: vb-hamburg@jalag.de
Berlin: Tel. 030/80 96 23-60, Fax -70, E-Mail: vb-berlin@jalag.de
Hannover: Tel. 0511/85 61 42-0, Fax -19, E-Mail: vb-hannover@jalag.de
Düsseldorf: Tel. 0211/901 90-0, Fax -19, E-Mail: vb-duesseldorf@jalag.de
Frankfurt: Tel. 069/97 06 11-0, Fax -44, E-Mail: vb-frankfurt@jalag.de
Stuttgart: Tel. 0711/966 66-520, Fax -22, E-Mail: vb-stuttgart@jalag.de
München: Tel. 089/99 73 89-30, Fax -44, E-Mail: vb-muenchen@jalag.de

Repräsentanzen Ausland:
Basel: Intermag AG, Tel. +4161/275 46-09, Fax -10, E-Mail: info@intermag.ch
Brüssel: Publicitas Media, Tel. +322/639 84-29, Fax -40, E-Mail: ibellis@publicitas.com
Danderyd: Annonsbolaget JB Media AB, Tel. +46/8753 96 04, Fax 708753240, E-Mail: anette@annonsbolaget.se
Frederiksberg: Jungersted & Brostrøm, Tel. +45/33 22-20 20, Fax -9959, E-Mail: gitte.schuler@jbmedia.dk
London: The Powers Turner Group, Tel. +44 20/7630 99 66 Fax 76 30 99 22, E-Mail: cweiss@publicitas.com
Mailand: Media & Service International Srl, Tel. +39 02/48 00 61 93, Fax 48 19 32 74, E-Mail: info@it-mediaservice.com
Paris: International Magazine Company, Tel. +331/53 64 88 91, Fax 45 00 25 81, E-Mail: imc@international.fr
Madrid: AMB Publicidad y Marketing, S.L., Tel. +34 91/300-54 54, Fax -5181, E-Mail: ambp@retemail.es
Wien: Verlagsbüro Kepreda, Tel. +43 1/87 71 78-2, Fax 877 87 11, E-Mail: 1@kepreda-jahreszeitenverlag.at
New York: The Russell Group Ltd., Tel. +12 12/213 11-55, Fax -60, E-Mail: info@russellgroupltd.com

Die Premium Magazin Gruppe im Jahreszeiten Verlag

A&W Architektur & Wohnen COUNTRY DER FEINSCHMECKER WEIN Gourmet MERIAN

Gülige Anzeigenpreisliste: Nr. 37d

Weitere Titel im Jahreszeiten Verlag: Für Sie, petra, vital, PRINZ, A&W Architektur & Wohnen, COUNTRY, DER FEINSCHMECKER, WEINGourmet, schöner reisen, ZuhauseWohnen, SelberMachen
Litho: Alphabeta Druckformdienst GmbH, Hamburg. Druck und Verarbeitung: heckel GmbH, Nürnberg, schlott Gruppe
ISBN: 3-7742-6903-3 MERIAN (USPS No. 011-458) is published monthly. The subscription price for the USA is $ 110 per annum. K.O.P.: German Language Publications, Inc., 153 South Dean Street, Englewood NJ 07631. Periodicals postage is paid at Englewood NJ 07631, and at additional mailing offices. Postmaster: send address changes to: MERIAN, German Language Publications, Inc. 153 South Dean Street, Englewood NJ 07631.

JAHRES ZEITEN VERLAG

Ein Unternehmen der
GANSKE VERLAGSGRUPPE

Titel: Badende an der Grande Plage in Biarritz, fotografiert von Marc-Oliver Schulz

Bildnachweis

Anordnung in Layout: o=oben, u=unten, r=rechts, l=links, m=Mitte.

Fotos:Titel: Marc-Oliver Schulz/ Focus; S. 3 ol Michael Müller, or, u Christoph Otto, m M.-O. Schulz; S. 4 Reiner Klingholz; S. 4/5 Dirk Schröder; S. 5 l M.-O. Schulz, m, l Ch. Otto; S. 8 mr Bruno Barbier/Imagefrance.com, ml Pierre Vauthey/corbis, u Francis G. Mayer/ corbis; S. 10 ol corbis, or Régine Rosenthal, m M.-O. Schulz, u Noel Quidu/ Gamma/Studio X; S. 12 o Ch. Otto, ul corbis, um William Coupon/corbis, ur Poly-Press/Ullstein Bilderdienst; S. 16-19 M.-O. Schulz; S. 20/21 Dominique LeLann/Sipa; S. 22-29 M.-O. Schulz; S. 30 Ch. Otto; S. 31 D. LeLann/Sipa; S. 34-42 Ch. Otto; S. 44-48 R. Klingholz; S. 49 Sébastien Camboulive; S. 49-51 R. Klingholz; S. 52/53 Hervé Lenain/ Imagefrance.com; S. 54 B. Barbier/ Imagefrance.com; S. 55 ol Stéphane Frances/imagefrance.com, S. 55 or, ul, ur, S. 56B. Barbier/Imagefrance.com; S. 57 St. Frances/Imagefrance.com; S. 58-60 AKG; S. 62/63 Ch. Otto; S. 64 m Jarry/Tripelon/Top/Focus; u X. Desmier/ Rapho/Focus; S. 65 Gernot Huber/Laif; S. 66 o Catherine Balet, u C. Gruenewald /Blickwinkel; S. 68 Universal Photo/ Sipa, ml, mm, mr Wilfried Bauer; S. 70-75 Ch. Otto; S. 77, S. 79 ol,or,mr Pierre Hybre/ Gamma/Studio X; S. 79 ml G. Huber/Laif, u C. Balet; S. 80-85 M.-O. Schulz; S. 83 ol S. Frances/ P. Wysocki/ Imagefrance.com; S. 86 Günter Standl/Visum; S. 87 Art Seitz/ Gamma/StudioX; S. 88, 91 M.-O. Schulz/ Focus; S. 89, 90, 92 Nicolas Le Corre/ Gamma/StudioX; S. 94 D.P.P.I/ASA; S. 95 Eric Chauché; S. 100/101 Giovanni Simeone/Huber, S. 102 Régine Rosenthal; S. 103-107 ul C. Balet; S. 107 ur Rebois/ Gamma/StudioX;S. 108/109 Fabry Phillipe/Sipa; S. 109 M.-O. Schulz; S. 110 m Planet observer.com M-sat; S. 114 o Ernst Wrba, m Ch. Otto; u Maurizio Borgese/Imagefrance.com; S. 115 l T. Hoefnagels/ Picture Press, r Christian Nowak; S. 116 l Cieutat Claude/Gamma/ StudioX, r R. Klingholz; S. 117 Huber; S. 118 l Paul Almasy/corbis, r Jarry/Top Agence/Focus; S. 119 M.-O. Schulz; S. 120 G. Simeone/ Huber; S. S. 121 M.-O. Schulz; S. 122 S. Frances, P. Wysocki/ Imagefrance.com; S. 122/123 D. Schröder; S. 124 l F. Pfannmüller/Picture Press, r Gerald Hänel/Focus; S. 125 Ch. Nowak; S. 126 ml St. Frances/Imagefrance.com, mr, u Ch. Nowak; S. 127 o Ch. Otto, u G. Huber/Laif; S. 128 Ric Ergenbright/ corbis; S. 128/129 Setboun Photos/Sipa; S. 129 Alain Felix/Imagefrance.com; S. 130 AKG; S. 134 l M.-O. Schulz/Focus; S. 135, 136 Ch. Nowak; **Karten:** S. 60; S. 84; S. 106 Merian Infografik

Auch Wahrzeichen Leipzigs: der Augustusplatz mit Oper und Mendebrunnen

Die Menschenaffenanlage Pongoland ist die neue Hauptattraktion des Zoos

In Baggerlöchern südlich von Leipzig entsteht das Freizeitgebiet Neuseenland

Leipzig

Aus dem Inhalt dieses Heftes:

- Neuseenland: Freizeitreviere im alten Tagebau-Gebiet
- Hauptbahnhof: Konsumtempel mit Gleisanschluss
- Zoologischer Garten: Affentheater und Primatenforschung
- Südvorstadt: Leipzigs Montmartre kommt in die Jahre
- Thomanerchor: Singet dem Herrn ein neues Lied
- Deutsch-deutsche Romanze: Liebe nach der Revolution

Freuen Sie sich auch auf die nächsten MERIAN-Ausgaben:
Lissabon, Harz, Athen, Masuren, Venetien, Hongkong

Zuletzt erschienen:

Februar 2004

Januar 2004

Dezember 2003

November 2003

Oktober 2003

September 2003